黑格尔
美学思想新探

以"艺术终结"论为中心

朱立元 著

商务印书馆（上海）有限公司
The Commercial Press (Shanghai) Co. Ltd. 出品

朱立元，上海崇明人。文学硕士，复旦大学文科资深教授。1997年获"国家级有突出贡献的中青年专家"的称号。曾任国务院学位委员会第五、六届中文学科评议组成员，教育部第一、第二届中文学科教学指导委员会副主任。学术兼职：中华美学学会顾问；中国中外文艺理论学会副会长；上海美学学会名誉会长。主要研究文艺学、美学。出版《黑格尔美学引论》《接受美学导论》《真的感悟》《历史与美学之谜的求解》《实践存在论美学——朱立元美学文选》等著作21部、译作3部，主编《西方美学通史》（七卷本，双主编之一）、《后现代主义文学理论思潮论稿》（上下）等专著和《当代西方文艺理论》《美学》《西方美学史》等教材，发表论文400余篇，获省部以上奖23项。

目 录

前 言 *1*

对黑格尔"艺术终结"论的再思考 *5*

内在提升·辩证综合·自由艺术

　　——对黑格尔"艺术终结"论的再思考之二 *33*

阐释学视域下黑格尔"艺术终结"论的再审视 *83*

附　录

对黑格尔"艺术解体"论的再认识 *125*

再论所谓黑格尔的"艺术解体"论 *143*

艺术·哲学·阐释

　　——读阿瑟·丹托的《艺术的终结》

　　（与何林军合撰） *153*

艺术终结论·浪漫型艺术

　　——关于黑格尔美学相关问题的对谈

　　（与克劳斯·费维克的对话） *159*

"文学终结论"的中国之旅 *185*

前　言

《黑格尔美学思想新探》这部小书，是我近年来所写的部分论文的汇集。

说起黑格尔美学思想研究，它可以说是我学术研究的真正起点。早在1978年后我追随蒋孔阳先生读硕士的时候，我就选择了黑格尔戏剧美学思想研究作为我的硕士论文主题。当时，我的大师兄曹俊峰选择了康德美学研究作硕士论文的题目，二师兄张玉能（玉能兄不久前因病去世令我悲痛不已！）选择了席勒美学研究作为硕士论文题目。这是因为蒋孔阳先生新出版了《德国古典美学》这部后来影响深远的著作，我们三人当时读了佩服得五体投地，所以，不约而同地选择了其中三位大家作为我们的硕士论文题目。在某种意义上，可以说我们三人的学术生涯都是从德国古典美学研究开始的。

记得我的第一部著作《黑格尔美学论稿》1986年出版前，蒋先生为拙作写了序，给予了很高的评价、很大的鼓励。书出版以后，蒋先生还亲切地对我说：黑格尔说过，同一句格言，在一个饱经风霜备受煎熬的老人嘴里说出来和在一个天真可爱、未谙世事的孩子嘴里说出来，含义和效果是根本不同的。你现在写黑格尔的书，等年纪大的时候，一定会有新的想法，那时候可以再写一本！蒋先生已经过早离开我们，但是，他的话却始终铭记在我心中，不敢稍有忘怀。过去很长一段时期，我学术研究的重点有所转移，不过近些年，国内外黑格尔哲学、美学研究有所复兴，特别是关于"艺术终结"论话题的讨论逐渐热了起来，也引起了我的格外关注和兴趣。在现代阐释学理论的启示下，我把讨论的重点聚焦在黑格尔本人有没有真正提出过"艺术终结"论的问题上，写了几篇长文，汇集起来，构成了本书的主要内容。虽然以新的思路重点讨论"艺术终结"论问题，实际上涉及对黑格尔整个美学和哲学思想的新思考，故名之曰"新探"。现在，我可以开心地说，蒋先生三十多年前的嘱托我做到了，可以告慰先生的在天之灵了！当然，做得好不好，还有待于学界同仁和广大读者的评判。

本书自命为"新探"的主要理由是：努力以大量国内外文献资料为依据，以黑格尔整个哲学、美学思想及其历史发展为背景，对其影响巨大但分歧也很大的"艺术终结"论做出新的思考和探讨，提出了一系列新的见解，如提出应该区分黑格尔《美学》一书中对"终结"（Ende）与"解体"（Auflösung）二词的不同使用，以获得黑格尔使用"终结"一词的真意；应该区分逻辑的与历史的所谓艺术"终结"或"解体"，着重从黑格尔哲学、美学逻辑构架角度解读其关于艺术"终结"或"解体"的内在逻辑含义；进而揭示黑格尔对艺术美本质的规定是其艺术"解体"、"终结"论背后的逻辑根据。又如从黑格尔整个哲学、美学体系出发，理解黑格尔关于绝对精神自我认识的三种基本方式——艺术、宗教、哲学——的划分及其逻辑关系，批判"艺术死亡"说；按照黑格尔辩证思维的逻辑，对艺术、宗教、哲学三个环节的过渡关系，做"扬弃"、辩证综合的阐释，驳斥"艺术被替换"说；对艺术的三种历史类型——象征型、古典型、浪漫型三个环节的转化关系，也做辩证综合的理解，搞清楚浪漫型艺术的"终结"不等于整个艺术的终结，并指出浪漫型艺术之后，会出现另一种新的当代艺术形态——自由艺术。特别是，注意吸收方法论阐释学的合理因素，在上述论证的基础上，基本确认了黑格尔并未正式提出过"艺术终结"论这一新的结论。在此基础上，进而对黑格尔整个美学思想做出一些新的阐述和评价。

我上述"新探"的基本想法，并不是因为灵感突然冒了出来，更不是拍脑袋偶然发出的奇想，而是长期以来的不断思考的想法逐渐积累下来，到一定时候发生突变的结果。实际上，从 20 世纪 80 年代前期《黑格尔美学论稿》写作时，我就不同意那种判定"艺术终结"论代表着黑格尔美学对艺术未来前景的悲观主义思想倾向的观点，90 年代以后又对这个问题做了进一步的思考，写了补充阐述的论文。这次汇编论文集的时候，将这两部分收入附录，读者可以看到我在这个问题上基本思路的一贯性和新的发展变化。2000 年后，与此问题相关的一些论文这次也作为附录收进来：（1）与我的学生何林军教授合写的对美国著名哲学家、美学家丹托（Arthur C. Danto）关于终结论观点的文章；（2）与德国著名黑格尔专家费维克（Klaus Vieweg）教授关于这个问题的对话；（3）对美国著名文学理论家、批评家希里斯·米勒的"文学终结论"的"中国之旅"做了全面系统的考察分析和新的阐述，这篇文章以大量第一手材料阐明了米勒"文学终结论"的真意和本义，纠正了国内学界开始阶段的某些误解、误读，与我目前否定黑格尔为所谓"艺术终结"论始作俑者的流行观点的阐释学思路完全一致。该文英文稿在美国发表后受到米勒的好评和首肯。以上这些论文对我这部"新探"思想的形成可能有着直接、间接的联系。从附录中的这些论文，可以约略看到我这方面学术思考演进和发展的过程。

总之，推出这本著作，一是为国内外的相关讨论提供一个比较新的、独特的参考思路，希望有助于讨论的进一步拓展和深入；二是希望得到学界同仁和广大读者的批评指正，以利于我做进一步的思考和探究，修正或完善自己的看法。

徐贤樑博士在我的写作过程中，帮我收集了许多重要的外文资料，在此表示衷心的感谢！

（写于 2022 年 5 月）

对黑格尔"艺术终结"论的再思考

学界普遍认为,黑格尔在其《美学讲演录》[1]中首次提出了"艺术终结"论,美国当代学者丹托又结合现当代西方新的艺术实践对黑格尔的"艺术终结"论做了充分肯定、重新阐释和多方发挥,引起了国际和中国学界的强烈关注。

笔者近期重新阅读了黑格尔《美学讲演录》中的相关部分,做了认真的思考,发现我们以前对黑格尔所谓"艺术终结"论的认识有不少误读或者偏差,需要加以澄清。

一、应该区分《美学》中"终结"(Ende) 与"解体"(Auflösung)的不同使用

我们对照朱光潜先生的中译本《美学》与德文版原文,对"终结"(Ende)与"解体"(Auflösung)两词的使用做了初步统计,有一个重要发现:在全书中黑格尔用"终结"(Ende)一词有40余处,但是,绝大

---

[1] 目前通行版是由荷托(Gustav Hotho)编辑整理的,这个版本的美学于1835—1838年间出版并被收入到第一个黑格尔著作集中,本文参考版本系以此版本为底本的德国苏尔坎普出版社(Suhrkamp Verlag)出版的黑格尔理论著作集,二十卷本,卷十三至十五。

部分与"艺术终结"无关,其中,有谈康德对美学的贡献的;有涉及目的与终点(终结)关系的;有论艺术和自然问题的;有论戏剧结构的;有论琐罗亚斯德教中的宣教的;有论古典艺术中诸神特殊的个别性的;有论雕塑艺术的;有表达"最终"的日常意思的;有用于合唱的结束和音节的结束的;有用于史诗中人物对一个故事叙述的开头和结束,或者史诗中历史事件的起源和结束的;在转述亚里士多德的《诗学》时,也用作开头和结尾的意思;在论及绘画艺术中赫拉克勒斯的神话时,出现了两处"Ende",但都是指绘画情节;还有指死亡的意思的;如此等等,全都与"艺术终结"无关。只有一处,在《美学》第二卷的最后部分,出现了一个小标题即"Das Ende der romantischen Kunstform",朱光潜译为"浪漫型艺术的终结",[1] 是完全正确的。这一点与"艺术终结"论有比较直接的关系。但是,诡异的是,在这个小标题下,正文中并没有出现"Ende"这个词。

与"终结"(Ende)意义相近的"解体"(Auflösung,亦译"消解")一词,在《美学》中也用得较多,也有40余处,大部分也与"艺术终结"论没有直接关系。比如,论康德哲学中实践公设的消解;论康德"第三批判"中真理消解在主观性里,以及和解和解体;论对立和矛盾的消解;论戏剧冲突要求把对立消解掉、悲剧中对立双方的消解;论音乐中不协和音的消解;论新神和旧神的冲突和双方的消解;论古希腊世界中,死亡作为直接的现实性的消解;论古罗马人诗歌中国家的瓦解;论拟骑士传奇的虚构故事和骑士风的瓦解;论"圣母升天"这一主题中灵魂的消解;论雕塑的消解;论绘画中颜料溶解在画布中;论音乐消解不和谐音;论情节中矛盾的消解;戏剧诗中斗争冲突成为消解的中心;

---

[1] Vgl. G. W. F. Hegel, Vorlesung über Ästhetik II, Frankfurt a. M.: Suhrkamp, 1986, S. 220. 中译见[德]黑格尔:《美学》(第二卷),朱光潜译,北京:商务印书馆,1979年,第374页。除特别注明外,所引均为该版本。

如此等等，都与艺术"解体"或者"终结"论无关。不过，在论及艺术的三种历史类型（象征型、古典型、浪漫型）时都曾用到"解体"或者意义相近的"消逝"（Verschwinden），这和它们向后一种艺术类型转型有密切关系。

比如，在论及象征型艺术的解体时，黑格尔写出的小标题是"Das Verschwinden der symbolischen Kunstform"（象征型艺术的消逝）[1]，没有用"解体"一词，而是用了"消逝"一词来代替，虽然表示的意义基本一致。而在具体论述象征型艺术的解体中，他也没有使用"消逝"一词，而是替换成"Sichselbstzerstören"（自我毁灭）：

> Dadurch haben wir hier als Anhang diejenigen untergeordneten Kunstformen abzuhandeln, welche aus solchem vollständigen Zerfallen der zur wahren Kunst gehörigen Momente hervorgehen und in dieser Verhältnis-losigkeit das Sichselbstzerstören des Symbolischen dartun.（中译文为：因此，我们在这里把一些附属的艺术形式作为附录来处理，这些艺术形式是真正艺术因素的完全衰颓的结果，而意义与形象之间的缺乏关联也正足以说明象征型艺术的自毁灭。）[2]

笔者认为，这里用"Sichselbstzerstören"（自我毁灭）比起用"解体"或者"消逝"来，意义更加准确、深刻，因为它揭示了象征型艺术的解体

1　Vgl. Hegel, Vorlesung über Ästhetik I, S. 539. 中译见［德］黑格尔：《美学》（第二卷），第148页。
2　Hegel, Vorlesungen über die Ästhetik. In: G. W. F. Hegel Werke in zwanzig Bänden. Auf der Grundlage der Werke von 1832-1845 neu edierte Ausgabe. Redaktion Eva Moldenhauer und Karl Markus Michel. Frankfurt a. M.: Suhrkamp, 1969 ff. (Theorie Werkausgabe-TWA) Bd. 13, S. 540. 中译见［德］黑格尔：《美学》（第二卷），第149页。

不是出于外在原因，而是由自身内部理念与形式、意义与形象的矛盾破裂导致的，所以是"自我毁灭"。在黑格尔看来，只有古典型艺术是理念与形式、意义与形象的完满统一，才是真正美的，才是真正意义上的艺术。象征型和浪漫型"这些艺术形式，是真正艺术因素的完全颓废的结果；而意义与形象之间的缺乏关联，也正足以说明象征型艺术的自我毁灭"[1]。象征型艺术的"解体"或者"毁灭"，正是古典型艺术的生成、发展的契机，是美的高峰的到来。

在论述古典型艺术"解体"中，黑格尔使用"Auflösung"一词较多，如标题有"古典型艺术的解体"（Drittes Kapitel: Die Auflösung der klassischen）[2]，小标题有"古典型艺术在它自己的领域里解体"（2. c. Auflösung der klassischen Kunst in ihrem eigenen Bereich）[3]、"古典型艺术解体和象征型艺术解体的区别"（3. a. Unterschied der Auflösung der klassischen von der Auflösung der symbolischen Kunst）[4]。关于古典型艺术解体比较重要的具体论述如：

> Den Keim ihres Untergangs haben die klassischen Götter in sich selbst und führen daher, wenn das Mangelhafte, das in ihnen liegt, durch die Ausbildung der Kunst selber ins Bewußtsein kommt, auch die Auflösung des klassischen Ideals nach sich.（中译文为：古典的神们本身已包含着他们衰亡的萌芽，等到他们所固有的这个缺点由艺术的进展而为意识所察觉的时候，神们自己的解体就带来了古典

---

[1] Hegel, Vorlesungen über die Ästhetik, TWA. Bd. 13, S. 540. 中译见［德］黑格尔：《美学》（第二卷），第149页。
[2] Ibid., Bd. 14, S. 107. 中译见同上，第251页。
[3] Ibid., S. 117. 中译见同上，第261页。
[4] Ibid., S. 121. 中译见同上，第265页。

理想的**解体**。)[1]

又如:

Drittens aber liegt im Begriffe der klassischen Kunst außer dem Werden ihrer Schönheit durch sich selber umgekehrt auch deren Auflösung, welche uns in ein weiteres Gebiet, in die romantische Kunstform, hinüberleiten wird. ...In dieser Auflösung, deren Kunsttätigkeit wir zum Gegenstand des dritten Kapitels nehmen müssen, trennen sich die Momente, welche in ihrer zur Unmittelbarkeit des Schönen verschmolzenen Harmonie das wahrhaft Klassische ausmachen. (中译文为: 古典型艺术这个概念不仅包括古典美自生展的过程, 而且还包括古典美的**解体**, 这就导致另一个领域, 即浪漫型艺术。……这种**解体**导致艺术主要因素的分裂, 而原先由这些因素直接融合成美的那种和谐却是古典型艺术的精髓。这种**解体**中的艺术活动就是第三章 [按: 指浪漫型艺术] 的题材。内容和外形既已分裂, 内心世界独立地处在一边, 和它割裂开的外在世界处在另一边, 退回到自身的主体就不再能从已往的那些形象中找出能表现它所理解的现实, 于是从一种更绝对自由无限的新的精神世界吸取内容, 为着表现这种较深刻的内容意蕴, 就要四处搜寻新的表达方式。)[2]

黑格尔在论及浪漫型艺术时, 除了前引"浪漫型艺术的终结"外, 也有

---

1 Hegel, Vorlesungen über die Ästhetik, TWA. Bd. 14, S. 107. 中译见 [德] 黑格尔: 《美学》(第二卷), 第 251 页。
2 同上。

类似用"解体"的小标题的,比如"浪漫型艺术的解体"(Die Auflösung der romantischen Kunstform)[1]。文本方面试列举三段为例:

第一段:

> Das letzte, was wir jetzt noch näher festzustellen haben, ist der Punkt, auf welchem das Romantische, da es an sich schon das Prinzip der Auflösung des klassischen Ideals ist, diese Auflösung nun in der Tat als Auflösung klar heraustreten läßt.(中译文为:浪漫型艺术在本身上本来就已包含**瓦解**古典理想的原则,现在我们还要更详细确定的最后的一点就是,这种**瓦解**在实际上是如何实现了。)[2]

这一段实际上不是论浪漫型艺术本身的解体,而是论述古典型艺术解体的内在原因,是其后主导浪漫型艺术的主体性原则在古典型艺术中已经逐渐在积累、增加,最终导致古典型艺术内部主体性与客体性、理念内容与感性形式、意义与形象由和谐统一而走向分裂以致瓦解。

第二段:

> Blicken wir nun, nach dieser allgemeinen Feststellung des eigentümlichen Inhalts dieser Stufe auf das zurück, was wir als die Auflösungsformen der romantischen Kunst zuletzt betrachtet haben.(中译文为:既已就现阶段艺术内容的特性作了一般性的界定,现在我们回顾一下最后讨论的浪漫型艺术在解体阶段所采取的形式。)[3]

---

1 Vgl. Hegel, Vorlesung über Ästhetik II, S. 220. 中译见[德]黑格尔:《美学》(第二卷),第 374 页。
2 Hegel, Vorlesungen über die Ästhetik, TWA. Bd. 14, S. 32-33. 中译见[德]黑格尔:《美学》(第二卷),第 364 页。
3 Ibid, S. 239. 中译见同上,第 381—382 页。

这里,"现阶段艺术"就是逐步走向解体的浪漫型艺术。黑格尔说,"浪漫型艺术的真正内容是绝对的内心生活,相应的形式是精神的主体性、亦即主体对自己的独立自由的认识"[1]。而体现这种绝对的精神主体性的典型艺术样式则是喜剧。

比如第三段:

> Die Tragödie in ihrer antiken, plastischen Hoheit bleibt noch bei der Einseitigkeit stehen, das Gelten der sittlichen Substanz und Notwendigkeit zur allein wesentlichen Basis zu machen, dagegen die individuelle und subjektive Vertiefung der handelnden Charaktere in sich unausgebildet zu lassen, während die Komödie zur Vervollständigung ihrerseits in umgekehrter Plastik die Subjektivität in dem freien Ergehen ihrer Verkehrtheit und deren **Auflösung** zur Darstellung bringt. (中译文为:悲剧在古代造形[型]艺术的崇高阶段,仍片面地侧重以伦理的实体性和必然性的效力为基础,至于对剧中人物性格的个性和主体因素方面却不去深入刻画。至于喜剧则用颠倒过来的造形[型]艺术方式来充分补充悲剧的欠缺,突出主体性在乖讹荒谬中自由泛滥以至达到**解决**。)[2]

这里虽然不是重点论述浪漫型艺术解体的原因,而主要是强调喜剧的主体性原则既是与悲剧实体性原则的对立,又是对它的补充,它不但是典型的古典型艺术(古希腊悲剧艺术)解体的艺术形式因素,而且,

---

[1] [德]黑格尔:《美学》(第二卷),第276页。
[2] Hegel, Vorlesungen über die Ästhetik, TWA. Bd. 15, S. 555. 中译见[德]黑格尔:《美学》(第三卷下),第318页。

实际上也是后来浪漫型艺术走向解体的主要表现形式。关于喜剧导致整个艺术解体的原因后面还要专门谈到。

由上所述可见，第一，黑格尔是极少在"艺术终结"论意义上使用"Ende"的，更多的是使用"Auflösung"（解体），或者意义相近的"Verschwinden"（消逝）。德国黑格尔研究专家费维克教授还补充了"Aufhebung"一词，他指出，黑格尔在谈之前两个阶段（象征型和古典型）的艺术时，同样乐于用"Aufhebung"一词，即"扬弃"，指的是新的艺术包容了之前艺术的内核。因此，可以说，浪漫型艺术以扬弃的方式保留了之前象征型和古典型艺术的因素。[1]

第二，黑格尔只有在浪漫型艺术阶段同时用了"Ende"和"Auflösung"（解体）两个词，而"Ende"唯有在这里用了一次；而在象征型和古典型艺术阶段则多次用了"Auflösung"（解体）一词。这一点非常重要。至少说明黑格尔在论及艺术解体问题时使用"Ende"和"Auflösung"这两个词，是十分谨慎的，做了严格的区分。只有在浪漫型艺术阶段，而不是整个艺术类型（历史的和门类的）的最终阶段，他才难得使用一次"Ende"。这个阶段浪漫型艺术的"解体"才同时具有"终结"的意义。这一点朱光潜的中译本是忠于黑格尔德文原著的，没有将二者混为一谈。所以，对于黑格尔艺术解体的思想，不区分这两种不同用法，简单地一律用"终结"（Ende）论加以概括，恐怕并不符合黑格尔的原意。更重要的是，黑格尔并没有将浪漫型艺术的终结与整个艺术的终结等同起来，所以，用一处使用"浪漫型艺术的终结"来概括黑格尔对整个艺术未来发展的基本看法，显然是以偏概全的。

第三，德文"Auflösung"有解除、分解、解体、消解、瓦解、溃散、解决等基本含义，也有死亡、寿终正寝的引申义；"Ende"有终点、

---

[1] [德]克劳斯·费维克、朱立元：《艺术终结论·浪漫型艺术——关于黑格尔美学相关问题的对谈》，《南国学术》2017年第4期。

终结、尽头、结尾、结果、结束、结局等含义，也有死亡、毁灭（下场）以及目的、目标的含义。二词的含义有相近、重叠之处（如死亡），但是，"Auflösung"不具有终结、终点（Ende）的含义。所以，笼统地在二者之间画等号并不妥当，把艺术的阶段性历史类型的"解体"论全部概括到"终结"论名下，似乎也**并不**合适。至于为什么黑格尔把"Ende"（终结）仅仅用在浪漫型艺术解体的阶段，后面还要进一步考察。

二、应该区分逻辑的与历史的所谓艺术"终结"或"解体"

我们现在往往笼统地从历史的角度理解黑格尔所说的艺术"解体"或"终结"，而忽视、遗忘了他所赋予其的逻辑含义。笔者认为，我们应该对所谓艺术"终结"或"解体"做逻辑的与历史的区分，最重要的是要明确其逻辑含义，它包含三个层次：哲学体系的逻辑、历史类型的逻辑与艺术门类的逻辑。

首先应当从黑格尔整个哲学的逻辑体系中来把握所谓的艺术"解体"或"终结"。众所周知，黑格尔的全部哲学都是对绝对精神（理念）自运动、自发展、自认识的辩证过程的描述。绝对精神的全部运动"都只是力求精神认识它自身，使自己成为自己的对象，发现自己，达到自己，自己与自己相结合"[1]。这个过程是：绝对理念经历了纯逻辑阶段和自然阶段，回复到精神（即人类社会）阶段，其中又会经历主观精神（个人意识）和客观精神（社会意识和政治法律等制度）两个阶段，最后来到了精神运动的最高阶段——绝对精神阶段。而绝对精神阶段又包含艺术、宗教、哲学三个依次递进的发展形式。这三种形式所反映和认识的

---

[1] ［德］黑格尔：《哲学史讲演录》（第一卷），贺麟、王太庆译，北京：商务印书馆，1959年，第28页。

共同对象和内容都是绝对精神。就此而言，艺术与宗教、哲学一样，都是属于同一层次的意识形式，都是精神发展的最高形式。因此，"艺术从事于真实的事物，即意识的绝对对象，所以它也属于心灵的绝对领域，因此它在内容上和专门意义的宗教以及和哲学都处在同一基础上"；它们之间的区别"只能从它们使对象，即绝对，呈现于意识的形式上见出"，[1] 即只能从它们认识、把握绝对精神（理念）的不同方式上见出：艺术通过"感性观照的形式"即感性形象的方式，宗教通过"表象的意识"的方式，哲学通过"绝对心灵自由思考"的方式来认识绝对。[2] 这三种形式的精神性强弱又有着高低之分，有着从低级向高级发展的次序，即运用感性形象方式的艺术精神性较弱，地位最低；运用表象形式的宗教亦未脱尽感性的残余，地位次低；只有运用概念思考的哲学才最合精神本性，因而是最高级、最完满的意识形式。三者同时也有逻辑上由前者向后者转化、更迭、替代的程序，即艺术被宗教取代、宗教最终被哲学取代。至此，绝对理念的自运动和自认识才全部完成，黑格尔哲学体系也宣告完成。

从上述哲学体系的展开，我们可以看到，黑格尔正是从绝对精神（理念）的逻辑演进角度提出，绝对精神必然要由低级向高级发展，艺术必然要向宗教、哲学演进，被宗教、哲学所取代。他正是从这样一个特定意义上来阐发"艺术解体"（并没有用"终结"）论的。需要注意的是，他在论述这种逻辑发展和演进时提出过"较前"、"较后"这两个时间性概念，然而却主要赋予了它们以非时间的、逻辑的意义。他说："艺术在自然中和生活的有限领域中有比它较前的一个阶段，也有比它较后的一个阶段，这就是说，也有超过以艺术方式去了解和表现绝对的

---

1 ［德］黑格尔：《美学》（第一卷），第129页。
2 同上，第231页。

一个阶段。因为艺术本身还有一种局限,因此要超越这局限而达到更高的认识形式",这种"较后"的阶段就是宗教和哲学的形式。在他看来,之所以有"后于艺术的阶段就在于心灵感到一种需要,要把它自己的内心生活看作体现真实的真正形式"[1],看作对绝对精神的最充分、彻底的认识,而艺术的感性形式,还不能达到这个真正真实的形式。这里,"较前"、"较后"并没有时间上或历史上先后存在的意义,而只有逻辑发展上先后次序的意义,与"较低级"、"较高级"的意义相近。黑格尔在解释这个问题时,一方面说人们"现在"已不再把艺术看作体现真实的最高方式,一方面又举了古代犹太人、穆斯林以至柏拉图等古希腊人为例,来证明人类思想"很早"就有过反对艺术的情况,"每个民族文化的进展一般都要达到艺术指向它本身以外的一个时期"[2]。这就说明,黑格尔并不是说艺术直到现当代才"解体"或者"衰亡"、才没有前途的,而是意在揭示绝对精神从艺术向宗教、哲学发展的必然规律。所谓"艺术解体"也不是指艺术在历史实存中真的消亡了,而只是指在精神发展过程中艺术必然要被更高的意识形式所取代,必然要向宗教、哲学演进这一逻辑发展趋势而言的。

还有一个重要佐证。在黑格尔庞大哲学体系中的艺术、宗教、哲学都有自己独特的历史发展过程,但三者是互相影响、互相渗透、同时并存、共时发展、共同受一定时代精神支配的意识形式,并不存在时间上艺术衰亡后宗教再兴起、宗教衰亡后哲学才繁盛的先后次第情况。黑格尔明确指出,"一定的哲学形态与它所基以出现的一定的民族形态是同时并存的",因此"与它所隶属的民族在艺术和科学方面的努力与创作,与这个民族的宗教……也是同时并存的";[3] 它们"都出于一个整体、一

---

[1] [德]黑格尔:《美学》(第一卷),第131页。
[2] 同上。
[3] [德]黑格尔:《哲学史讲演录》(第一卷),第55页。

个目的"，即时代精神，"时代精神是一个贯穿着所有各个文化部门的特定的本质或性格"。[1] 既然一定时期的艺术、宗教、哲学是从一个民族的特定的时代精神这同一源头涌流出来的，所以三者在历史发展方面也往往高度一致，如黑格尔所说，各思想文化部门的历史，"特别是艺术和宗教的历史，部分地就它们所包含的成分，部分地就它们特有的对象说，都是与哲学的历史密切联系着的"[2]，都是"时代的儿子"[3]。因此，黑格尔在《美学》中把古希腊艺术作为美的典范，而在《哲学史讲演录》中又把古希腊哲学视为人类思想史上的一个值得骄傲的阶段，二者的繁荣是同时代的，而没有时间上的先后承续、替代关系。由此可见，黑格尔所谓的"艺术解体"仅仅是在逻辑意义上说的，其实质是把艺术放在绝对精神层次中较低的发展阶段上，指出还有比艺术更高的认识绝对真理的形式。所谓"艺术解体"，就意味着，在逻辑上，绝对精神必然要向宗教、哲学的更高阶段发展，而不是说艺术真的会在历史上衰亡、解体。**这实际上也就证明了黑格尔并没有宣布时间意义上艺术的"解体"，更没有提出过结束或者死亡意义上的"艺术终结"论。**

其次，第二层次应当从艺术历史类型演进的逻辑思路，即从象征型→古典型→浪漫型的演进历程来理解"解体"的含义。上面说到黑格尔"解体"（Auflösung）一词主要用在这三种历史类型中。它们与哲学体系的逻辑推演不同，确实有历史、时间方面的内涵，在特定意义上，它们的演进正是黑格尔对一部世界艺术发展史的概括勾勒和描述；但同时，这三种历史类型又体现着艺术发展的内在脉络、规律和逻辑进程，即把一部人类艺术史概括成绝对理念（精神）在不断外化自己、显现自己的运动中，从摸索感性形象（象征型）到与形象吻合（古典型）再到

---

[1] ［德］黑格尔：《哲学史讲演录》（第一卷），第57—58页。
[2] 同上。
[3] ［德］黑格尔：《美学》（第二卷），第375页。

返归精神（浪漫型）的逻辑历程。导致这种逻辑进程的基本尺度和内在矛盾，是精神与物质、理念内容与感性形式、意义与形象之间平衡的失调、建立和打破的关系。古典型艺术是精神内容与物质形式、"意义与形象的联系和密切吻合"[1]；而此前，物质形式压倒精神内容、意义无法完全把握到形象时，只能出现象征型艺术；此后，精神扩张超越了物质形式、意义压倒了形象时，就形成了浪漫型艺术。前、后两种都是由意义与形象关系的不平衡、失调或者破裂而导致。这一进程的内在逻辑是，"象征型艺术在**摸索**内在意义与外在形象的完满的统一，古典型艺术在把具有实体内容的个性表现为感性观照的对象之中，**找到**了这种统一，而浪漫型艺术在突出建设性之中又**越出**了这种统一"[2]。这就是三种历史类型演进的逻辑理路。

我们发现，在描述这三种历史类型的末尾处，黑格尔都用到了"解体"（Auflösung）一词或者意义相近的词。比如，在论及象征型艺术最后阶段的一些"附属的艺术形式"（如教科诗、描绘诗等），由于意义与形象的破裂导致"这些艺术形式是真正艺术因素的完全衰颓的结果"，"足以说明象征型艺术的自毁灭"，[3] 它就要转型为古典型艺术了。又如古典型艺术达到了意义与形象的完满统一，"从而使艺术达到完美的顶峰"，然而，它还需要借助于外在感性形式来表现精神，终究不符合精神的本性，因为"精神只有在自己的家里，即在精神世界（包括情感、情绪和一般的内心生活）里，才能找到适合它的实际存在"，[4] 这就必然要导致"古典型艺术在它自己的领域里解体"，而转型为浪漫型艺术。[5] 当然，在

---

1 ［德］黑格尔：《美学》（第二卷），第10页。
2 同上，第6页。
3 同上，第149页。
4 同上，第273—274页。
5 Hegel, Vorlesungen über die Ästhetik, TWA. Bd. 14, S. 117. 中译见［德］黑格尔：《美学》（第二卷），第261页。

三者中，最核心的是论浪漫型艺术的"解体"。既然艺术的基础是意义与形象、艺术家主体性与其作品的客体性的统一，那么，到浪漫型艺术的末期，这种统一就陷于分裂，其"构思方式的主要特征就是内在意义与外在形象的分裂"[1]，它也就必然走向"解体"[2]。不过，这里，黑格尔用了一次"终结"(end)这个词。

由此可见，象征型→古典型→浪漫型艺术的阶段性"解体"，实际上也是一种艺术形态的转型和前进，它们不仅仅是历史的、时间的实际历程，而且背后有着一条隐藏的逻辑线索，即物质形式与精神内容、形象与意义二者关系由不平走向平衡，又形成新的不平衡的逻辑进程，总体上体现出精神性不断战胜物质性而获得越来越大的自由的过程；更深一层探究，艺术的这三种历史类型的逻辑进程，正确地体现出人类精神文明总体上越来越进步的宏观背景和内在规律。在我看来，这条逻辑线索，正如恩格斯所说的，实际上把艺术这种精神活动的历程，"描写为一个过程，即把它描写为处在不断的运动、变化、转变和发展中，并企图揭示这种运动和发展的内在联系"[3]。我们必须充分认识到，三种历史类型次第"解体"的逻辑进程，不但不是艺术在历史上的实际"解体"或"终结"，反而是艺术的不断"新生"、发展和演进。

再次，第三层次应当从艺术门类的逻辑推演来思考艺术的"解体"或者"终结"。黑格尔的艺术分类体系，是其理念感性显现总逻辑的落实或实现。三种历史类型还是"内在的"，还需要通过感性材料实现为客观存在的艺术作品，"这种实际存在的艺术世界就是各门艺术的体系"[4]。

---

1 [德]黑格尔：《美学》(第二卷)，第382页。
2 Vgl. Hegel, Vorlesung über Ästhetik II, S. 220. 中译见[德]黑格尔：《美学》(第二卷)，第374页。
3 《马克思恩格斯选集》(第三卷)，北京：人民出版社，2012年，第398页。
4 [德]黑格尔：《美学》(第三卷上)，第4页。

总体上，黑格尔仍然是按照精神性逐渐超越物质性这一与三种历史类型演进基本一致的逻辑理路来进行具体的艺术分类的：建筑、雕刻、绘画、音乐、诗等主要艺术门类就是按照物质压倒精神→物质与精神平衡→精神超越物质这个逻辑顺序划分的。象征型艺术物质性较强，以建筑为代表；古典型艺术是意义与形象的统一，以雕刻为中心；浪漫型艺术精神主体性占上风，则体现为绘画、音乐和诗三门艺术。诗是这三门艺术中，精神性最强的，黑格尔将诗看成浪漫型艺术的最高阶段，也是所有艺术门类中最高的艺术样式。诗兼有造型艺术的外在客观性和音乐艺术的内在主体性，把"**造型艺术**和**音乐**两个极端，在一个更高的阶段上"[1]统一起来了。诗作为语言的艺术，突破了"其他各门艺术所必受的特殊材料带来的局限和约束"，超越了"任何一门其他艺术的片面性"，[2]从而"变成了一种**普遍的**艺术"[3]。换言之，诗虽然还属于浪漫型艺术的类型，实际上却超出了浪漫型的范围和框框。按照黑格尔哲学体系的逻辑，艺术发展到诗这一步，就要开始"解体"了。因为第一，诗否定感性、物质性方面走得最远，其高度精神性"拆散了精神内容和现实客观存在的统一，以至于开始违反艺术的本来原则，走到脱离感性事物的领域，而完全迷失在精神领域的这种危险境地"[4]；第二，诗是"艺术类型发展到了最后阶段"的门类，它就"超越于一切特殊类型之上"，[5]这样，艺术就有可能越界，转向越来越少涉及感性事物的方式去把握、认识绝对精神，这就是"宗教和科学的更高领域"[6]。这一逻辑顺序与前述的"艺术

---

1 ［德］黑格尔：《美学》(第三卷上)，第4页。
2 同上，第17页。
3 同上，第13页。
4 同上，第16页。
5 同上，第13页。
6 同上，第15页。这里没有直接用"哲学"，而是用"科学"（Wissenschaft），即体系、整体之学，因为黑格尔认为哲学也是科学。他在《精神现象学》的序言里曾说过，一旦哲学发展成了 Wissenschaft，就不再是对智慧的爱（Philo 爱-sophie 智慧），而是智慧本身。

解体"的总顺序完全一致。

　　《美学讲演录》是以喜剧论告终的。这是继续遵循了上述艺术门类（分类）推演的逻辑：当理念感性显现进展到最后阶段诗艺时，进一层的分类又经过史诗（客观性）、抒情诗（主体性）和戏剧诗（主客观统一）三个环节；而在戏剧体诗中又经过悲剧（正，实体性、客观性）和喜剧（反，主体性）（作为正剧的"合"在此被黑格尔一笔带过了，所以这里通常的三段式缺少了一环）的环节，终于走完了艺术分类领域内的全部行程，得到了完全的实现。至此，精神就要越出艺术的感性形式向更高阶段（宗教、哲学）发展了。黑格尔明确论述了喜剧何以是浪漫型艺术，乃至整个"一般艺术""解体"、"终结"的根本原因：

　　und endeten in der romantischen Kunst des Gemüts und der Innigkeit mit der frei in sich selbst sich geistig bewegenden absoluten Subjektivität, die, in sich befriedigt, sich nicht mehr mit dem Objektiven und Besonderen einigt und sich das Negative dieser Auflösung in dem Humor der Komik zum Bewußtsein bringt. Doch auf diesem Gipfel führt die Komödie zugleich zur Auflösung der Kunst überhaupt.（中译文为：最后我们**终止**于浪漫型艺术，这是心灵和内心生活的艺术，其中主体性本身已达到了自由和绝对，自己以精神的方式进行活动，满足于它自己，而不再和客观世界及其个别特殊事物结成一体，在喜剧里它把这种和解的消极方式［主体与客观世界的分裂］带到自己的意识里来。到了这个顶峰，喜剧就马上导致一般艺术的**解体**。）[1]

1　Vgl. Hegel, Vorlesungen über die Ästhetik, TWA. Bd. 15, S. 572. 中译见［德］黑格尔：《美学》（第三卷下），第334页。

请注意，这一段同时用了"终结"与"解体"两个词，表明黑格尔只有在浪漫型艺术（主要是诗艺）发展到喜剧阶段时，才宣告不仅浪漫型艺术，而且全部、整个艺术的解体。这里才出现一般"艺术解体"的含义。这里，"终结"也是"解体"的含义，而没有"完结"更没有"死亡"的含义。按照他的哲学逻辑，一切艺术的目的都是用感性形式来显现绝对精神和真理，但到了诗艺的喜剧阶段，精神的"主体性本身已达到了自由和绝对"，不再和客观世界及个别感性特殊事物结成一体，精神和物质在艺术中的统一已彻底分裂了，形象这种有限世界的形式已不足以体现绝对理念了，"到了这个顶峰，喜剧就马上导致一般艺术的解体",[1]从逻辑发展看，艺术必然要向宗教和哲学转型，或者说，被宗教和哲学取代。

既然喜剧导致了"艺术解体"意义上的终结，那么，从其理性的感性显现的逻辑出发，作为艺术哲学的美学学科，到了研究成熟喜剧的阶段，它的研究任务自然也要告终了。所以，黑格尔说："到了喜剧的发展成熟阶段，我们现在也就达到了美学这门科学研究的终点。"[2]事实上，其《美学》正是在论述诗艺的喜剧阶段结束的。这里，"解体"或"终结"论同时宣告了美学学科研究任务的"终结"或完成。

此外，我们必须提及，黑格尔关于艺术发展问题还有一个非常重要却没有受到重视的思想，与其"艺术解体（终结）"论有密切关系。他在论述了象征型、古典型、浪漫型这三种艺术历史类型进化的逻辑过程后，在论及各个艺术门类时提出了"每一门艺术也有类似的进化过程"即共同发展规律的重要思想。他说，每一门艺术"都有它在艺术上达到了完满发展的繁荣期，前此有一个准备期，后此有一个衰落期"，都

---

[1] ［德］黑格尔：《美学》（第三卷下），第334页。
[2] 同上，第34页。

"要经过开始、进展、完成和终结,要经过抽苗、开花和枯谢"。[1]这一思想是非常深刻、辩证的。黑格尔告诉我们,无论是三种艺术历史类型,还是建筑、雕刻、绘画、音乐、诗等各个艺术门类,就逻辑发展而言,都有一个发生、成长、繁荣、完善,到逐渐走向衰落乃至终结的辩证过程。这个终结并没有丝毫结束与死亡的含义。在历史实存上,三种历史类型固然有大体上产生和繁荣的先后顺序,却并没有解体、终结和更替的先后顺序;各个艺术门类,虽然也有各自产生、繁荣和衰落的具体时间(时代),但是不存在时间上的先后更替。比如,诗艺在逻辑上作为全部艺术门类的最高、最后形态,在时间上却并不产生在最后,而是早在古希腊就产生了史诗、抒情诗和戏剧诗等全部诗艺;而且,诗艺中悲剧和喜剧也是古希腊时期除雕刻之外最重要的艺术门类,它们从古至今在不同时期都同时存在,包括莎士比亚的悲剧、莫里哀的喜剧等等。其中喜剧,虽然是在浪漫型艺术末期导致全部艺术的终结的美学样式,但同时也是典型的古典型(古希腊悲剧)艺术解体的主要艺术形式因素。[2]由此可见,这里的每一门艺术的"终结"或者"解体"与浪漫型艺术以至全部艺术的"解体",基本意义完全一致,它们都不是就历史实存而言的,而是就理念感性显现的内在逻辑而言的。这样,我们就不难理解黑格尔何以一方面在逻辑意义上承认艺术有"解体"乃至"终结"、被宗教和哲学取代的必然性和规律性;另一方面却充分肯定艺术发展的永无止境:

> 广大艺术之宫就是作为这种美的理念的外在实现而建立起来的。它的建筑师和匠人就是日渐自觉的美的心灵。但是要完成这个艺术之宫,世界史还要经过成千上万年的演进。[3]

---

1 [德]黑格尔:《美学》(第三卷下),第4—5页。此处的"终结"依然是"Ende"。
2 Hegel, Vorlesungen über die Ästhetik, TWA. Bd. 15, S. 555. 中译见[德]黑格尔:《美学》(第三卷上),第318页。
3 [德]黑格尔:《美学》(第一卷),第114页。

三、艺术美本质的规定是艺术"解体"、"终结"论背后的逻辑根据

上面,笔者从三个层次论述了黑格尔关于艺术"解体"、"终结"思想的内在逻辑理路,特别是二、三两个层次从艺术历史类型和艺术分类原则角度揭示出"解体"或者"终结",主要不是在艺术的历史实存的意义上说的,而是指艺术演进的必然逻辑顺序。下面,拟从黑格尔《美学》的理论框架切入,对其关于艺术美的本质、理想的规定做进一步考察,以揭示其"艺术解体(终结)"论背后的逻辑根据。

"美是理念的感性显现"是《美学》一书的理论核心。在某种意义上可以说,《美学》全书就是这一理论核心的多层次展开、推演与衍化。这一理论核心包括两个基本(矛盾、对立)方面:理念和感性显现。

理念论是黑格尔美学的哲学基础和出发点。不过,作为《美学》具体出发点的,不是一般的理念,而是美的理念。黑格尔认为美的理念"不是在哲学逻辑里作为绝对来了解的那种理念",即不是那种纯粹的哲学理念、用普遍性概念来表现的绝对理念;而是艺术的、形象的理念,是"化为符合现实的具体形象,而且与现实结合成为直接的妥帖的统一体的那种理念"。[1] 美的理念实际上已经将感性显现这一对立面包括在自身中了。所以,美的理念的基本特征是既具有确定的外在的感性形象,呈现为一种特殊的个别事物的形态,同时却又不停留在外在形象上,而在本质上显现着理念的某种普遍性。需要指出的是,黑格尔对美的理念亦即对美的界定,仅仅指艺术美,而排除了自然美。作为绝对理念的艺术美就是他的"理想"。其"理念的感性显现"只是对艺术美的界定,而不是对一般美的笼统规定。整部《美学》三大卷的逻辑框架,实际上就是对艺术美的理念一层层、一步步感性显现和展开的逻辑进程的叙

---

[1] [德]黑格尔:《美学》(第一卷),第185页。

述。他从"理想"即艺术(美)理念出发,演绎出理想的诸定性。理想在转化为具体艺术形象的过程中经过不断的否定和否定之否定而取得越来越具体的规定性。

第一卷是从一般理论层次上叙述理念经过一系列自否定、自运动,而逐步感性化、特殊化为美的艺术形象的过程,即对理念感性显现的一般历程或一般规律的概括勾勒。当然,这个过程不是指艺术美形成的现实历史过程,而是指它从抽象到具象、从一般到个别、从普遍到特殊的纯逻辑程序。

从第二卷起,理念运动已突破纯逻辑范围而进到艺术作品历史生成的阶段。这里的"否定"同第一卷中的否定在内容、性质、角度方面都完全不同。这一卷叙述的理念否定之否定的感性显现运动,进入了历史,形成了前后相继、更替的三种历史类型,也就是理念在人类艺术发展史上感性显现的过程。整个第二卷就是按照这一逻辑思路构筑起来,它以象征型概括东方古代艺术,以古典型概括古希腊艺术,以浪漫型概括古罗马帝国经中世纪到近代的艺术,从而宏观地勾勒出一部人类艺术发展史的大轮廓。它被公认为是世界上第一部尝试叙述人类艺术史的伟大著作。

这一卷最重要的是集中体现了黑格尔对艺术美的本质和理想的看法,即认为真正的艺术美须是理念与形象(感性显现)二者的完满统一。这是衡量是否达到艺术美的最根本标志、标准和尺度。由此出发,他确立了以理念与感性显现这两个对立面相互关系的变化,即以"理念与形象能互相融合而成为统一体的程度"[1]作为区分三种历史类型的基本原则。他认为,理念感性显现的第一阶段是象征型艺术,这时理念自身还抽象、不确定,还未找到显现自身的合适的形象,只能把理念黏附于自然形态的感性材料上,因而理念与形象是脱节的,表现出对形象的追

---

1 [德]黑格尔:《美学》(第一卷),第90页。

求、骚动不宁、宗教神秘色和崇高风格，这还不是真正意义上的艺术，而是"艺术前的艺术"[1]，只能"看作是过渡到真正艺术的准备阶段"[2]；理念感性显现的第二阶段是古典型艺术，此时理念已感性化、特殊化、具体化，找到了与自己完全适合的感性形象，二者达到"自由而完满的协调"，"提供出完美的理想的艺术创造与观照"，[3]形成了艺术美的典范，也是黑格尔心目中美的理想；理念感性显现的第三阶段是浪漫型艺术，由于精神性的理念终究不满足于永远与感性形象结为一体的古典型艺术，而要回到精神自身，于是理念就超越感性形象，转型为精神性压倒感性形象的浪漫型艺术，在较高阶段上又回到理念与形象相分裂，这也就超越了真正意义上的艺术。总之，象征型、古典型、浪漫型这三种艺术历史类型在理念与形象的关系上表现为：理念对美的概念"始而追求，继而达到，终于超越"[4]。这也就是前面说到的，黑格尔把一部人类艺术史概括成绝对理念在不断自否定、自运动的感性显现中，从摸索感性形象（象征型）到与形象吻合（古典型）再到返归精神（浪漫型）的逻辑历程。导致这种逻辑进程的基本尺度和内在矛盾，是精神与物质、理念内容与感性形式、意义与形象之间平衡的失调、建立和再打破的关系。在这种关系变动的背后，起关键、支配作用的，正是黑格尔关于艺术本质和理想的基本观念。

第三卷艺术的具体门类（样式）是上述三种历史类型的具体化、特殊化，是理念进一步感性显现的逻辑过程。因此两者之间存在着某种对应关系，前面已经谈到，建筑是象征型艺术的代表，雕塑是古典型艺术的代表，绘画、音乐、诗是浪漫型艺术的代表，"各门艺术组成了艺术

1　[德]黑格尔：《美学》（第二卷），第9页。
2　同上，第21页。
3　[德]黑格尔：《美学》（第一卷），第97页。
4　同上，第103页。

类型的真实存在"[1]，它集中探讨"艺术美如何在各门艺术及其作品中展开为一个实现了美的世界"[2]。正因为艺术的分类，仍然体现着理念的感性显现的基本理路，所以也仍然贯穿着理念与形象、精神性与物质性、心灵性与感性平衡关系变动的基本原则。这一卷可以说是理念感性显现的具体实现和完成。

以上我们简要地叙述了《美学》三卷的整体框架结构和贯穿其中的逻辑脉络。显而易见，"美是理念的感性显现"是这一庞大的构架中的核心概念；理念内容与感性形式、精神性与物质性、意义与形象的对立统一，则是促使理念不断感性显现的内在动力。由它出发，生发和衍化出严密、完整的美学理论体系。

关于美的本质，黑格尔根据上述核心观念，明确指出，"正是这个概念与个别现象的**统一**才是美的本质和通过艺术所进行的美的创造的本质"[3]。这里，"统一"是关键，离开这种统一，就离开了美和艺术美。他进而指出，只有感性形象与理念结合为直接的"统一体"，完满地体现了理性（理念）内容时，才达到了"理想美"[4]。因为在他看来，"艺术理想的本质就在于这样使外在的事物还原到具有心灵性的事物，因而使外在的现象符合心灵，成为心灵的表现"[5]。一言以蔽之，艺术美的本质是感性的现象心灵化、心灵的东西感性化[6]的双向运动，所达到的二者的和谐统一。

理念感性显现进展到艺术的历史类型时，黑格尔把艺术美的理想落实在古典型艺术上，认为，"它在本身的概念里就已具有符合它的外在

---

[1] ［德］黑格尔：《美学》（第一卷），第114页。
[2] 同上，第104页。
[3] 同上，第130页。
[4] 同上，第92—93页。
[5] 同上，第201页。
[6] 同上，第49页。

形象，他可以就把这个形象作为自在自为（绝对）地适合于它的实际存在而与它融为一体。这种内容与形式的完全适合的统一就是**第二种艺术类型即古典型**的基础"[1]；这种完整的统一，构成为"一种自由的整体，这就是艺术的中心"，它"符合美的概念"，"用恰当的表现方式实现了按照艺术概念的真正的艺术"。[2] 这里"按照艺术概念的真正的艺术"一语表明，在黑格尔那里，古典型艺术是唯一符合"艺术概念"即艺术本质、艺术理想的"真正的艺术"。按照这一逻辑，其他两种艺术类型都不同程度地不符合艺术的本质和理想，因而，都达不到"真正的艺术"的标准。所以，美就是古典型艺术的根本特征。

黑格尔进一步认为，古典型理想落实在历史上，获得的实际实现，就是古希腊艺术。他认为，古希腊民族之所以能"创造出一种具有最高度生命力的艺术"，达到"古典美"，是因为他们"生活在自觉的主体自由和伦理实体的这两个领域的恰到好处的中间地带"，"伦理的普遍原则和个人在内外双方的抽象的自由是处在不受干扰的和谐中的"。[3] 正是这样一种真正自由的社会生活条件，形成了美和美的创造的理想环境，"美开始显出它的真正生活和建立它的明朗的王国"，在人们特别是艺术家那里，"美的感觉，这种幸运的和谐所含的意义和精神，贯穿在一切作品里"，从而能"在这个转折点上攀登上美的高峰"。据此，黑格尔认为古希腊艺术就是"古典理想的实现"，"古典美以及它在内容意蕴、材料和形式方面的无限广阔是分授给希腊民族的一份礼品"，于是，"艺术的希腊就变成了绝对精神的最高表现方式"。[4] 这最后一句话不仅仅是他对古希腊艺术的极高评价，而且是其美是理念（绝对精神）的感性显现

---

1 [德]黑格尔：《美学》（第二卷），第5页。
2 同上，第157页。
3 同上，第169页。
4 [德]黑格尔：《美学》（第一卷），第168—170页。

说在历史实践中的真正落实。

希腊古典型艺术的典范是雕刻艺术。黑格尔曾经将希腊精神比作"雕塑艺术家",石头则"被雕塑为'精神的'一种表现"。[1]古希腊民族具有创造理性与感性完满、和谐统一的雕刻艺术美的天性和本能,对雕刻的"这种完美造型的敏感是希腊人的天生的特长"[2],所以,"在希腊随便哪一个城邦里都有成千上万的成林的各种各样的雕像"[3]。雕刻于是成为古希腊艺术乃至古典型艺术的标志和象征。比如古希腊大雕刻家斐底阿斯的雕刻,能把"所要表现的那种心灵性的基本意蕴""通过外在现象的一切个别方面而完全体现出来,例如仪表,姿势,运动,面貌,四肢形状等等,无一不渗透这种意蕴",达到"通体贯注的生气"这种理想美的境界。[4]

又如史诗,黑格尔说,正是古希腊人"才初次把我们带到真正史诗的艺术世界",古希腊的史诗,以荷马史诗为代表,其"叙述语调始终是民族的,真实的,就连个别部分也都熔铸得很完美,各自成为独立自足的整体",[5]它们是希腊"民族的'传奇故事'、'书'或'圣经'","在这个意义上史诗这种纪念坊简直就是一个民族所特有的意识的基础"。[6]所以,希腊史诗和神话一起,成为后来各种门类艺术取之不尽的题材来源。

再如,古希腊戏剧艺术。黑格尔同样认为,"戏剧体诗的真正起源要在古希腊去找。在古希腊人中间,自由的主体性这一原则才有可能采取的古典艺术形式第一次获得奠定"。[7]古希腊的悲剧、喜剧都具备古典

---

[1] [德]黑格尔:《历史哲学》,王造时译,上海:上海书店出版社,2001年,第284页。
[2] [德]黑格尔:《美学》(第三卷上),第131页。
[3] 同上,第181页。
[4] [德]黑格尔:《美学》(第一卷),第221页。
[5] [德]黑格尔:《美学》(第三卷下),第174页。
[6] 同上,第107—108页。
[7] 同上,第296页。

美的"理想"要求，都属于古典型戏剧，特别是悲剧艺术成就更巨大。三大悲剧家埃斯库罗斯、索福克勒斯和欧里庇得斯先后登场，他们的作品共同把古希腊悲剧艺术推向欧洲戏剧艺术第一个高峰。其中，索福克勒斯的悲剧《安提戈涅》更是受到黑格尔的青睐。他一方面用其"两善两恶冲突说"来分析该剧的悲剧冲突，认为安提戈涅代表的自然法和国王克瑞翁代表的国家法，两者都有合理（善）的方面，同时也都有各自的罪过（恶）的方面，它们之间的冲突虽然导致双方的痛苦和毁灭，但是，"永恒正义"却由此获得了胜利；另一方面，正是从该剧的戏剧冲突中，他概括、提炼出具有普遍意义的"两善两恶冲突说"，作为悲剧冲突的最高范式。所以，他把《安提戈涅》推崇为"一切时代中的一部最崇高的，而从一切观点看都是最卓越的"[1]悲剧。

由此可见，黑格尔心目中的艺术美理想的历史实存就是古希腊艺术，它虽然以雕刻为代表，也同时包括史诗、戏剧诗（悲剧与喜剧）等其他艺术门类。他认为古希腊艺术最为集中地体现了"艺术理想的本质"，即理念内容与感性形式、意义与形象的完美、和谐的统一。[2] 他把这一现实（历史）中的美的理想和高峰，上升到逻辑层面，就是历史类型中的古典型艺术。

现在，我们可以回到对黑格尔"艺术解体"论背后起规定作用的逻辑根据做进一步探讨。既然在黑格尔那里，艺术的本质和理想在于心灵性的理性内容与外在的感性形象恰相符合、水乳交融的完满统一，它在历史上的实现，只是（唯有是）以古希腊艺术为典范的古典型艺术，那么，先于它的象征型艺术与后于它的浪漫型艺术都由于意义与形象（在不同方向上）的分裂而在某种意义上违反了艺术的本质，从而具有某些非艺术的特征。具体说来就是，象征型艺术由感性形式压倒精神内容的

---

1 ［德］黑格尔：《美学》（第二卷），第204页。
2 ［德］黑格尔：《美学》（第一卷），第201页。

分裂开始，逐步追求、摸索两者的统一，即逐步接近和获得艺术本质，走向古典型艺术；古典型艺术则是理性意义与感性形象高度统一的形成，也就是艺术本质的获得和理想的达到；而浪漫型艺术因其"主要特征就在内在意义与外在形象的分裂"[1]，而重新丧失艺术的某些本质、特征。围绕着艺术本质获取和失落的这个过程，也就是前述从摸索感性形象（象征型）到与形象吻合（古典型）再到返归精神（浪漫型）的逻辑历程。这是从艺术总体上所做的逻辑概括。

黑格尔还对象征型、古典型和浪漫型三种历史类型的每一种都分别做了由盛而衰发展线索的梳理和勾勒。如前所述，黑格尔从其辩证法出发，认为每一门艺术都必然有其产生、生长、繁荣到衰落、终结的历程，确认这是一切事物发展的必然规律。因此，作为整体的艺术及三种艺术的历史类型同样必然要经历这个由盛而衰的过程。所以，他对象征型、古典型和浪漫型每一种历史类型，从它们的发生、发展、繁荣到"解体"、转型的过程，都做了细致入微的描述。这就是他在勾勒每一种历史类型的发展、演进过程中，都用到"解体"（Auflösung）一词的原因。

但是，从艺术总体上看，浪漫型艺术的解体，却不同于象征型和古典型艺术那种仅限于某一个艺术门类的解体，它同时导致整个、全部艺术的解体。黑格尔说，浪漫型艺术由于突破了以古典型艺术为典范的艺术本质和理想，就导致"艺术越出了它自己的界限"[2]，使整个艺术走向解体。显然，这里的"解体"、"越界"，完全是以古典型艺术（实际上就是全部艺术）的本质即艺术理想为标准、尺度来衡量浪漫型艺术的结果。虽然黑格尔并未说，浪漫型艺术就不再是艺术或完全丧失了艺术的特质，而是认为，如果古典型艺术是标准的艺术，那么，浪漫型艺术某种非艺术的特征，是对艺术本质的一种超越，是其通向更高级的意识形

---

[1] ［德］黑格尔：《美学》（第二卷），第382页。
[2] 同上，第380页。

式和认识方式（宗教和哲学）的一座桥梁。由此可见，正是艺术美本质和理想的规定，才是把握黑格尔"艺术解体（终结）"论背后的基本逻辑根据。我们也只有在这个意义上，才能准确理解其艺术（通过浪漫型艺术）走向解体、终结，必然由宗教、哲学取代的深层逻辑理路。而不至于从历史实存意义上指责他的"艺术解体（终结）"论。

需要强调指出的是，黑格尔虽然以古典型艺术的本质和理想为标准，认为浪漫型艺术把种种杂多的、充满偶然性的现实生活内容作为题材，在逻辑上是不符合艺术的概念（本质）的，据此他确实也曾说过，浪漫型艺术实质上不再是真正的艺术了；但是，他在大部分场合还是明确肯定浪漫型艺术毕竟还是艺术。比如，他从创作主体性角度为浪漫型艺术的艺术性做辩护，指出，艺术有一根本重要的因素就是"主体方面构思和创作艺术作品的活动"，即艺术家的主体性。浪漫型艺术尽管题材杂多，但能把创作主体的生气灌注于所写的各种偶然对象之中，所以"不能拒绝称这类作品为艺术作品"[1]，从而有力地反驳了所谓浪漫型艺术"不配称为艺术"的论调。这样，黑格尔实际上否定了他自己"体系"在逻辑上规定的浪漫型艺术由于精神主体性强而要超出艺术范围向宗教靠拢的主张，而承认浪漫型艺术仍是艺术领域内一种有生命力的历史类型，为浪漫型艺术正了名。

黑格尔关于"艺术解体（终结）"的观点，是一个跨世纪、跨国家（民族）的世界性哲学、美学之"谜"，还有许多重要问题需要国内外学界共同努力，进行重新厘清和思考，比如浪漫型艺术如何解体，如何评价浪漫型艺术的历史地位，浪漫型艺术以后的艺术怎样发展；再比如国外学界如何认识黑格尔的"艺术终结"论，在若干方面存在一些不同意见，大多数学者肯定黑格尔是"艺术终结"论的首创者和提出者，也有

---

1 ［德］黑格尔：《美学》（第一卷），第367页。

学者否定这一看法，认为黑格尔实际上并没有提出过"艺术终结"论，笔者就持这个观点；再如丹托对黑格尔"终结"论的现代阐释和发挥是否合理、有没有误读；如此等等。笔者有机会可能就其中某个问题另外撰写文章，谈谈自己的看法，以求教于学界同仁。

（写于2018年8—9月，发表于《西南大学学报（社会科学版）》2019年第2期）

内在提升·辩证综合·自由艺术

——对黑格尔"艺术终结"论的再思考之二

关于黑格尔美学"艺术终结"论的问题，本人已经发表了一篇长文[1]，提出应该区分《美学》一书中对"终结"（Ende）与"解体"（Auflösung）二词的不同使用，以获得黑格尔使用"终结"一词的真意；应该区分逻辑的与历史的所谓艺术"终结"或"解体"，着重从黑格尔哲学、美学逻辑构架角度解读其关于艺术"终结"或"解体"的内在逻辑含义；进而揭示了黑格尔对艺术美本质的规定是其艺术"解体"、"终结"论背后的逻辑根据。最近，在阅读了国内外的许多相关研究论著之后，觉得有几篇文章[2]对黑格尔"艺术终结"论提出了很多重要的新观点，对研究的深入有所推进，非常富有启发性。当然，它们仍然也留下了若干值得我们继续深思的问题。于是，我回过头来重新研读黑格尔的有关原著和

---

[1] 朱立元：《对黑格尔"艺术终结"论的再思考》，《西南大学学报（社会科学版）》2019年第2期。
[2] 如杜书瀛：《"艺术的终结"：从黑格尔到丹托——尝试某些"批判性"解读》，《艺术百家》2016年第5期；张汝伦：《现代性问题域中的艺术哲学——对黑格尔〈美学〉的若干思考》，《清华西方哲学研究》2016年第2期；[美]柯蒂斯·卡特：《黑格尔和丹托论艺术的终结》，杨彬彬译，《文学评论》2008年第5期；何建良：《"艺术终结论"批判》，浙江大学2008年博士学位论文；等等。

国内外长期以来的许多重要研究成果，发现学界事实上在一系列问题上还存在不同意见甚至重大分歧，需要我们做进一步的思考和研讨。[1]

本文想提出以下三个问题进行探讨。第一，如果从黑格尔整个哲学、美学体系出发，所谓的"艺术终结"论，究竟是否黑格尔的本意，究竟应当怎样理解它，归根到底要回到他关于绝对精神自我认识的三种基本方式（形式）——艺术、宗教、哲学——的划分及其逻辑关系的理解上，批判和否定"死亡"说；第二，按照黑格尔辩证思维的逻辑，对艺术→宗教→哲学三个环节的过渡、转化关系，做"扬弃"、辩证综合的阐释，批判和否定"替代"说；第三，同样，对艺术的三种历史类型——象征型→古典型→浪漫型三个环节的过渡、转化关系，也做"扬弃"、辩证综合的阐释，一是弄清浪漫型艺术的"终结"不等于整个艺术的终结；二是阐述浪漫型艺术之后，出现、开启了另一种新的当代艺术形态——自由艺术。

在这三个问题的讨论中，我们将尽可能展示黑格尔相关哲学、美学思想的历史生成、发展过程，以透视其基本观点的一贯性；同时，对学界某些有分歧的认识，提出和阐述自己的看法，尽可能使"艺术终结"论问题的讨论深入一步。

一、探讨"艺术终结"论的最根本逻辑依据：如何理解艺术、宗教、哲学的三段式演进？

本人前一篇文章主要从黑格尔哲学、美学逻辑构架角度解读"艺术终结"论的逻辑含义；本文则换一个角度，重点研讨在黑格尔哲学总体的绝对精神阶段，从艺术到宗教再到哲学，这三个环节是如何演进、过

---

[1] 我的学生徐贤樑博士为本文搜集了德文材料，在此表示感谢。

渡的。我认为，怎样辩证地理解这三个环节之间的联系和区别，以及它们演进和过渡的性质、方式，应该是准确理解和解释所谓"艺术终结"论的真实含义的最终逻辑依据。

众所周知，黑格尔的整个哲学体系是由绝对理念（精神）一系列否定之否定的三段式运动辩证地发展的。在他看来，绝对理念（精神）作为实体，"在本质上即是主体"[1]，而"实体作为主体是纯粹的简单的否定性，惟其如此，它是单一的东西分裂为二的过程或树立对立面的过程"[2]，亦即否定之否定的过程；绝对理念"作为主体，真实的东西仅仅是辩证的运动，亦即这个产生自身的、发展自身的、回到自身的进程"[3]。由此出发，黑格尔将这种贯穿精神全部运动的否定之否定的辩证发展过程概括为一系列"正反合"的三段式。从大的方面看，绝对理念的发展分为逻辑（正）、自然（反）、精神（合）三个阶段，每个大阶段下面，又有多个层次的"正反合"三段式；而进入精神阶段，也就是绝对理念，从逻辑阶段走向反面——自然阶段，又否定、超越自然阶段，返回精神自身——进入人类社会这个更高阶段，达到逻辑与自然的具体统一，它包含着前面两个阶段的全部丰富性。而在精神（人类社会）阶段，绝对理念又经历了主观精神（个人意识）、客观精神（社会意识和政治法律等制度）和绝对精神的"正反合"三个阶段。绝对精神是主观精神与客观精神、个人与社会的辩证统一，是理念发展的最高阶段，至此，它"不仅没有因它的辩证的前进而丧失什么，丢下什么，而且还带着一切收获和自己一起，使自己更丰富、更密实"[4]；"精神在这里是绝对自由的"[5]，绝

---

[1] ［德］黑格尔：《精神现象学》（上），贺麟译，北京：商务印书馆，1981年，第15页。除特别注明外，所引均为该版本。
[2] 同上，第11页。
[3] 转引自《十八世纪末—十九世纪初德国哲学》，北京大学哲学系外国哲学史教研室编译，北京：商务印书馆，1960年，第210页。
[4] ［德］黑格尔：《逻辑学》（下），杨一之译，北京：商务印书馆，1982年，第549页。
[5] ［德］黑格尔：《哲学史讲演录》（第一卷），第28页。

对自由即精神发展到最高阶段全然地自己决定自己，不再受他物限制，将一切限定与规定囊括在自身之内。

当然，毫无例外，绝对精神（按：朱光潜亦译为"心灵"）阶段本身也分为"正反合"三个小阶段，即艺术、宗教、哲学。它们是实现、回复、认识自己的最后三个环节或领域，黑格尔也称之为"绝对心灵"的三个领域。我认为，所谓"艺术终结"问题，必须在这个"正反合"三段式的辩证发展中，寻找到最根本的逻辑依据，寻找到最符合黑格尔逻辑理路的答案。何以这样说？

国内外学界中，认为黑格尔确实提出了"艺术终结"论，并持批判、否定态度的主要有"死亡"说和"替代"说。其实，这二者也是密切相关、内在一致的。艺术既然"终结"即"死亡"了，当然必须有"替代"者了，"死亡"是前奏，"替代"是跟进。

先说"死亡"说。"死亡"说认定黑格尔的艺术"终结"（Ende）等同于"死亡"（Death），从而批判黑格尔宣判了艺术的死刑，如意大利表现主义哲学家、美学家克罗齐认为黑格尔"这位德国哲学家也不愿意脱离他的体系的逻辑需要，所以他宣称艺术是要死亡的，甚至宣称艺术已经发生了死亡"[1]，他还进而宣称："黑格尔美学是艺术死亡的悼词，它考察了艺术相继发生的形式并表明了这些艺术发展阶段的全部完成，它把它们埋葬起来，而哲学为它们写下了碑文。"[2] 苏联时的阿尔森·古留加（Арсений Гупыга）也从黑格尔关于艺术、宗教、哲学先后递进的逻辑顺序出发，宣称："艺术的世纪已经过去，宗教和哲学的时代已经来临。黑格尔给艺术宣布了死刑，但这个死刑并没有执行。"[3] 这里重点考察一下

---

[1] [意] 贝尼季托·克罗齐：《作为表现的科学和一般语言学的美学的历史》，王天清译，袁华清校，北京：中国社会科学出版社，1984年，第143页。

[2] 同上，第144页。

[3] [苏] 阿尔森·古留加：《黑格尔传》，刘半九、伯幼等译，北京：商务印书馆，1978年，第140页。

克罗齐的"死亡"说。

克罗齐"死亡"说的批判重点是黑格尔哲学的逻辑错误。这从他把黑格尔与同时代的思想家做比较可以见出,他指出,"如果这种跟宗教和哲学问题相混同的艺术观是黑格尔底时代所共有的,黑格尔底特点便是在这三种形式之间所建立的关系和他所分派给艺术在跟宗教和哲学发生关系时所具有的分明性质"[1]。这里,他是站在黑格尔体系的高度,从艺术、宗教、哲学三者关系入手的,认为同时代其他人混淆了三者的关系,且抬高了艺术的地位和作用,而黑格尔则做了明确区分,"黑格尔不能象其它的人一般,把审美活动看为哲学活动的一种补充物,用自己的方式来解决哲学活动所不能解决的问题,他更不能把审美活动看为比之哲学活动更为高级的活动。他底逻辑的预先假定必然使他采取在相异概念里所应用的辩证法习惯上的解决办法"[2]。黑格尔辩证逻辑的预设是,对于把握"绝对"来说,艺术不完善,宗教次完善,哲学最完善,"艺术活动之所以跟哲学活动有区别,只由于艺术活动之不完善,和艺术活动以感性的和直接的形式来把捉绝对,至于哲学却在思维的纯粹原质中来把捉它。这就是说,在逻辑上,艺术活动跟哲学活动是毫无区别的。就黑格尔看来,在实践上,艺术便成为一种哲学底'错误',化为一种虚幻的哲学";所以,"当哲学把自己圆满发展了的时候,艺术因为是多余的,便应该死亡,甚至是寿终正寝的。如果艺术是一种错误,艺术便不是必然的,而且不是永恒的了。处处说明了黑格尔在美学上所犯的错误,比之其它的例证更好地阐明了他底逻辑的预先设定本身的错误"[3]。由此可见,克罗齐在艺术、宗教、哲学的关系上,重点批判的是黑格尔三段式的逻辑预

---

[1] [意]克罗齐:《黑格尔哲学中的活东西和死东西》,王衍孔译,北京:商务印书馆,1959年,第73页。
[2] 同上。
[3] 同上,第73—74页。

设的错误，即预设了三者虽然都把握绝对，基础相同，但由于把握方式上，艺术的感性方式是不完善的，宗教较之完善一些，只有哲学的纯粹思维方式才是最完善的，从而随着哲学的"圆满发展"，艺术便失去存在的价值，只能走向死亡。这是从三者认识绝对的方式的功能（从不完善到完善）角度理解和解释黑格尔对三者逻辑关系的论述，推论在逻辑上艺术和宗教必然先后"死亡"，只有哲学保持永生的逻辑存在。

我认为，克罗齐的批判是对黑格尔的严重误读、误解。他所谓黑格尔的逻辑预设，并不是黑格尔本人的观点，而是他所理解的和经他阐释的黑格尔观点，由认识绝对方式的完善与否直接推论出艺术应该、必然死亡的逻辑，是克罗齐强加给黑格尔的。在《哲学全书·精神哲学》部分，黑格尔明确而详细地论述艺术—宗教—哲学三者辩证发展的三段式逻辑演进关系。他指出，哲学是艺术与宗教的统一，哲学克服了艺术在外在的客观性和宗教内在的主观性，由此提升为了内在的客观性，哲学并不消解和取缔艺术与宗教，它将艺术和宗教两种形态的合理性提升为了自己的环节，从而在更高层面上保留了二者。[1] 这就是黑格尔关于三者逻辑关系的基本理路，其中没有一丝一毫艺术"死亡"的气息。那么，为什么这种三段式预设，就会被克罗齐等人认为黑格尔提出了艺术"终结"乃至"死亡"论呢？因为，从表面上看，黑格尔确实论述了从艺术到宗教再到哲学，是一个精神（按：朱光潜译为"心灵"）从有较大局限的感性形式转化为仍有一定局限的表象形式，再转化为无限的自在自为的概念形式的**内在提升**过程。但实质上，它不包含任何"死亡"、中断、彻底结束的意味，而是体现了典型的黑格尔的辩证思维逻辑，这恰恰是我们理解所谓"艺术终结"论的最根本的逻辑根据。

在《美学》中，黑格尔对于绝对精神（Geist）的三段式区分和联系有

---

[1] 参见［德］黑格尔：《精神哲学》，杨祖陶译，北京：人民出版社，2006年，第383页。

更加系统的论述。一方面指出三者的精神基础是同一的,"艺术是和宗教与哲学属于同一领域的"[1],即都属于绝对精神(心灵)的领域,因为"艺术从事于真实的事物,即意识的绝对对象,所以它也属于心灵的绝对领域,因此它在内容上和专门意义的宗教以及和哲学都处在同一基础上"[2];另一方面又指出三者有重要区别,艺术与宗教、哲学在认识绝对精神(心灵)时的分工关系是:艺术"这种认识的形式是一种直接的也就是感性的认识,一种对感性客观事物本身的形式和形状的认识,在这种认识里绝对理念成为观照与感觉的对象。第二种形式(按:指宗教)是想象(或表象)的意识,最后第三种形式(按:指哲学)是绝对心灵的自由思考"[3]。显然,艺术、宗教、哲学这三者既有共同基础,又有认识形式区分的关系及其辩证发展、演进的运动过程,这才是黑格尔的逻辑预设。

首先是艺术。黑格尔指出,"艺术是用感性形象化的方式把真实呈现于意识,而这感性形象化在它的这种显现本身里就有一种较高深的意义,同时却不是超越这感性体现使概念本身以其普遍性相成为可知觉的",这里"**感性观照**的形式是**艺术**的特征"。[4] 正是通过感性观照的特殊形式,艺术才能担负起认识绝对精神的重大职责,这就是"艺术的真正职责就在于帮助人认识到心灵的最高旨趣"[5]一语的真谛。但是,绝对精神的本质是绝对真实和真理,只有纯粹理性概念(哲学)才能完全把握它,艺术局限于感性认识形式,还不可能完全把握绝对真实和真理,还需要在把握和认识的形式上有所超越,诚如黑格尔所说,"因为艺术本身还有一种局限,因此要超越这局限而达到更高的认识形式"[6]。而这种

---

1 [德]黑格尔:《美学》(第一卷),第 121 页。
2 同上,第 129 页。
3 同上。
4 同上,第 129—130 页。
5 同上,第 17 页。
6 同上,第 131 页。

"更高的认识形式"一是宗教,二是哲学。

其次是宗教。黑格尔认为:"宗教的意识形式是表象(**Vorstellung**)(按:朱光潜译为"观念"),因为绝对离开艺术的客体性相而转到主体的内心生活,以主体方式呈现于表象,所以心胸和情绪,即内在的主体性,就成为基本要素了。……如果艺术作品以感性方式使真实,即心灵,成为对象……那么宗教就在这上面加上虔诚态度,即内心生活所特有的对绝对对象的态度。"[1] 黑格尔也在其他不少地方用"表象"来界定宗教。[2] 其实,这二者是一致的,只是表述的重点不同而已,宗教虽然摆脱了感性认识外在的直接性,提升到了内在的主观性,这是表象的优势,但它却还保留着感性的残留,即情绪,再"加上虔诚态度",就成了"内心生活"的认识方式了。

再次是哲学。黑格尔把哲学看成绝对精神的第三种形式,因为宗教的"情绪与表象的虔诚还不是内心生活的最高形式。我们必须把自由**思考**看作这种最纯粹的知识形式,……这样,艺术和宗教这两方面就在哲学里统一起来了"[3]。黑格尔用以界定哲学的是"思考"(denken)这种认识方式,它是对表象和感性认识的综合,既保留了对象的客观形式又将这种客观性转化为了思想本身,由此达到了真理的纯粹形态,**也就是"被提高为(erhobenist)有自我意识的思维**"[4]。

以上即是黑格尔关于艺术、宗教、哲学三者的"分别"和否定之否定的三段式逻辑进程的系统论述。

---

[1] [德]黑格尔:《美学》(第一卷),第132页。这里改动了朱光潜先生的翻译,因为直观、表象和思维与《精神哲学》主观精神部分理论精神的认识能力相对应,更加准确。

[2] 如[德]黑格尔:《精神哲学》,第383页;[德]黑格尔:《美学》(第一卷),第129页;等等。

[3] [德]黑格尔:《美学》(第一卷),第132—133页。

[4] [德]黑格尔:《精神哲学》,第383页。

请注意：黑格尔在论"宗教"时用了"这种从艺术转到宗教的进展"的表述，当然，顺理成章，后面应该是"从宗教转到哲学的进展"。显而易见，这三者的辩证演进，分明是转化和进展，而不是"死亡"或者"替代"。而转化正是前面所说的否定之否定的三段式进展，后者把前者包含在自身之中，宗教把艺术包含在自身之中，而哲学又把艺术和宗教包含在自身之中，兼有"艺术的**客体性相**"和"宗教的**主体性**"，于是，"艺术和宗教这两方面就在哲学里统一起来了"。[1] 我们只有牢牢把握住黑格尔从艺术到宗教再到哲学的辩证思维逻辑，才能准确把握其艺术到宗教的逻辑**转化**（vertauschen）和**内在提升**（erheben）的辩证法内涵，而不至于像克罗齐们把这种辩证转化进程看作艺术"死亡"的静态结果。

其实，黑格尔对于艺术、宗教、哲学的三分及三者内在逻辑演进关系的理论思考由来已久，可以说是伴随着其整个哲学体系的形成、发展过程。这里做简要的历史的考察，以利于更加精准地理解黑格尔的辩证思维逻辑。

我们知道，黑格尔在早期的《精神现象学》（1805年）中，并没有把艺术单列为与宗教不同的另一种意识形式，只是用了"艺术—宗教"（die Kunst-Religion）和"天启宗教"的表述，"die Kunst-Religion"的特殊之处就在于"艺术"与"宗教"之间的连字号"—"，这意味着在早期《精神现象学》讨论意识经验的特殊语境之下，"艺术—宗教"既不能完全被视为宗教，也不能等同于艺术，而是二者之联合，是这种联合所构成的特殊形态。但在1807年完成的《精神现象学》中已改为"艺术宗教"（Kunstreligion）了。而在黑格尔公开出版的第一版《哲学全书》

---

[1] ［德］黑格尔：《美学》（第一卷），第133页。

（海德堡版《哲学科学百科全书纲要》，1817年）中，他则提出了一种虽不同于现今通行版本的设计，却近似于前述三段式的绝对精神三个阶段是："艺术宗教（die Religion der Kunst）——启示宗教——哲学"[1]。"艺术宗教"即后来的"艺术"，"启示宗教"即后来的"宗教"。在1817年海德堡版《哲学科学百科全书纲要》之后，黑格尔除了在《宗教哲学讲演录》中提到过作为宗教形态之一的"艺术宗教"之外，在其他著作中"艺术宗教"和"启示宗教"的对举再也没有出现。

艺术、宗教、哲学三分法的雏形见于《耶拿体系草稿III》，在《自然哲学和精神哲学》（1805—1806年）的结尾处他说，"绝对自由的精神将自己的规定收回自身，它只是创造出另一个世界，这个世界拥有它自己的形态；在这个世界里它的作品在自身中臻于完满，并且达到了对自己的直观"[2]。艺术是精神直接的表达，但在艺术中，形式与内容是漠不相关的，艺术的基本元素是直观，但直观本身是未经过中介的直接性，这对精神而言是不合适的。这种不合适具体表现为在艺术中精神的特殊性，或说精神的整体性必须表现为特殊的艺术家，他与对美的普遍直观相分离，因此艺术必须以宗教为它的真理。[3] 而在宗教中，精神以自己为对象，成了绝对的共相，是一种返回自身的普遍的认识，然而宗教作为一种被表象出来的精神，精神自身无法将自己的纯粹的意识和自己的现实性汇总到一起，具体表现在它的内容是以一种不是自身的方式表现出来的。[4] 这个三段式思路已经奠定了黑格尔关于三者关系及其辩证演进逻辑构架的全部基础。而在《精神现象学》和海德堡版《哲学科学百

---

1 Georg Wilhelm Friedrich Hegel, Enzyklopädie der philosophischen Wissenschaften im Grundrisse (1817), Hrsg. von Wolfgang Bonsiepen und Klaus Grotsch, Hamburg: Felix Meiner, 2000, S. 241.

2 Georg Wilhelm Friedrich Hegel Gesammelte Werke. Bd. 8. Jenaer Systementwürfe III, Hrsg. von Rolf-Peter Horstmann, S. 277.

3 Vgl. Ibid., S. 278–280.

4 Vgl. Ibid., S. 280–282.

科全书纲要》之间的《纽伦堡文集》[1]也提到,"艺术"、"宗教"和"思辨哲学"(Wissenschaft)乃是"精神在自身纯粹的显示"(Geist ins einer reinen Darstellung)[2]。这一构想无疑又重新回到了《耶拿体系草稿III》的构想——即艺术—宗教—哲学鼎足而三的思路。

此后,黑格尔在1820—1821、1823、1826、1828—1829年先后做了四次美学讲座,基本上维持了艺术、宗教、哲学这种三分法即三段式。国内目前尚无译本,这里引述一些资料作为简介。1820—1821年讲演录导论中论述艺术和宗教、哲学的关系时指出:"但我们不应该就此将美学看作是消遣,在美学中我们必须把艺术看成是在最高的理念之中,把握到它与哲学与宗教的关系。"[3]其中完全没有涉及当前时代理智化的倾向不适合艺术发展的问题,不存在"终结"论的痕迹。

1823年讲演录有了重要发展,导论中论述艺术与宗教、哲学的关系时不仅重述之前的基本判断,而且着重强调了艺术的感性特征,"艺术的规定一方面与宗教、哲学有着共同之处;但它有着独特的方式,即将更高的以感性方式呈现并更接近感知性的本性"[4]。但他也强调当前时代,艺术的感性方式已经不再能满足表现绝对的需要,暗示艺术要超越自身

---

1 《纽伦堡文集》(Nürnberger Schriften, 1808—1817)收集了黑格尔在纽伦堡高级中学担任校长期间的所有文稿,包括了课程(Kurse)和讲话(Reden),其中黑格尔在"高级班哲学全书:特殊科学体系(1810/1811)"(Oberklasse Philosophische Enzyklopädie: Systemderbesondern Wissenschaften Diktat 1810/11,属于课程)中重点讨论了绝对精神的三个环节。

2 Georg Wilhelm Friedrich Hegel Gesammelte Werke. Bd. 10.1. Nürnberger Gymnasialkurse und Gymnasialreden(1808–1816), Hrsg. v. Klaus Grotsch, Hamburg: Felix Meiner Verlag, 2006, S. 362.

3 G. W. F. Hegel, Vorlesung über Ästhetik, Berlin 1820/21. Eine Nachschrift. I. Textband. Hrsg. v. Helmut Schneider. Frankfurt a. M.: Suhrkamp, 1995, S. 21. 原文为:wir müßen aber deßhalb die Aesthetik nicht als Zeitvertreib betrachten, sondern in ihr müßen wir die Kunst in der höchsten Idee, selbst in Verbindung mit Philosophie und Religion betrachten.

4 G. W. F. Hegel, Vorlesung über Ästhetik, Berlin 1823. Nachgeschrieben von Heinrich Gustav Hotho. Hrsg. v. Annemarie Gethmann-Siefert. Hamburg: Felix Meiner Verlag, 1998, S. 5. 原文为:Diese Bestimmung also hat die Kunst einerseits mit der Religion und Philosophie gemein; [sie] hat aber die eigentümliche Weise, daß sie das Höhere selbst auf sinnliche Weise darstellt und der empfindenden Natur so näherbringt.

向终结、哲学转化，但是，黑格尔并没有谈到艺术（包括浪漫型艺术）的"解体"或者"终结"，虽然，他已经看到谈到他生活的时代，艺术的黄金时代已成过去，"艺术因此关联着特定的时期，政府、个人都无法唤起艺术的黄金期"[1]。

1826年讲演录的导论提到，艺术的"目的如同宗教、哲学的目的一样"[2]。他还专门列出一节讲艺术与宗教、哲学的关系，[3] 内容与通行的《美学讲演录》第一卷中序论"艺术对宗教与哲学的关系"[4]相似，此处不赘述，可以看出这方面已经很接近后期的思想了。但是该讲演录没有只言片语涉及艺术向宗教过渡的问题。

1828—1829年的讲演录导论坚持了上述的三分法或者三段式，强调关于艺术与宗教在辩证思维中的递进、包容关系，黑格尔说，艺术"直观的一面同样能在宗教中被观察到。宗教也能被思辨地考察，因而和思维着的思维一样。在自身中最纯粹的精神在宗教中。人们在虔诚中进入思维。另一方面它（宗教）在与感觉、通过幻想起到可视化的关系中运用艺术，因此，直观元素得到了运用"[5]。他也谈及艺术方式的局限性在于

---

[1] Hegel, Vorlesung über Ästhetik, Berlin, 1823. Nachgeschrieben von Heinrich Gustav Hotho. Hrsg. v. Annemarie Gethmann-Siefert, S. 204. 原文为：Die Kunst ist somit an bestimmte Zeiten gebunden; eine Regierung, ein Individuum kann eine goldene Periode der Kunst nicht erwecken.

[2] G. W. F. Hegel, Philosophie der Kunst oder Ästhetik: nach Hegel, im Sommer 1826, Hrsg. von Gethmann-Siefert Annemarie, München: Fink, 2004, S. 24.

[3] Ibid., S. 33-34.

[4] ［德］黑格尔：《美学》（第一卷），第129—133页。

[5] Hegel, Vorlesungen zur Ästhetik: Vorlesungsmitschrift Adolf Heimann(1828/1829), Hrsg. von Gethmann-Siefert Annemarie, Paderborn: Wilhelm Fink, 2017, S. 23. 原文为：Ebenso soll in der Religion diese Seite der Anschauung betrachtet werden. Die Religion kann auch spekulativ betrachtet werden, so wie also das denkende Denken. Geist am reinsten bei sich ist in Religion. In der Andacht kommt man zum Denken. Andererseits bedient sie sich auch der Kunst in Beziehung auf Empfindung, Verbildlichung für Phantasie, so daß die Elemente als Anschauung genommen sind. 原文为：Die Wahrheit dieses Elementes macht einen Inhalt des Göttlichen selbst aus, aber noch nicht des wahrhaft Geistigen, und nicht für den Gedanken als solchen ist die Kunst eine eigentümliche Weise, über der noch ein Höheres steht, daß Gott im Geist als Geistiges gedacht werden soll.

未能达到哲学的"精神性"存在的高度，指出，"这种要素的真理（艺术的内容）由神圣自身的内容构成，但还不是真实的精神性之物，也并不是为着思想本身的，艺术是一种独特的方式，在精神中的神应当被思考为精神性之物，是一种超越于内容本身更高的存在"[1]。黑格尔认为艺术向宗教和哲学的提升是作为内容的精神的内在性和主体性本身的需要，他已经意识到，他身处的时代是一个知性和理智思维盛行的"散文"时代，艺术的感性形式和有限思维的局限性凸现，不再能满足精神的最高需求，因而也"不再是必需品"，不再需要崇拜，但是，他不但没有提出艺术"终结"或者"死亡"，而是相反，明确肯定"艺术将会一直变得更完善，但它无法达到最终的完成"[2]。

以上材料告诉我们，黑格尔关于艺术、宗教、哲学的三分和三段式演进的基本思路，是他自青年时代开始逐步形成并一以贯之的大哲学体系的逻辑框架，是他整个辩证思维不可分割的重要乃至核心组成部分。尤其需要强调的是，他提到的三个环节的"进展"（Forschritt）[3]指的是逻辑意义上的前一个环节的深入和内在提升为后一个环节辩证思维的基本方法，[4] 任何探讨其艺术哲学，特别是探讨其艺术与宗教、哲学的辩证关系（包括探讨其"艺术终结"论）的尝试，都不能离开也不可能离开这一最根本的逻辑理路和依据（方法），否则，就会陷入理论的迷失和困境。克罗齐们的艺术"终结"即"死亡"的观点就是典型的例证。

1　Hegel, Vorlesungen zur Ästhetik: Vorlesungsmitschrift Adolf Heimann(1828/1829), Hrsg. von Gethmann-Siefert Annemarie, S. 25.
2　Ibid., S. 26.
3　[德]黑格尔：《美学》（第一卷），第132页。
4　参见[德]黑格尔：《小逻辑》，贺麟译，北京：商务印书馆，1980年，第174—176页。

二、用"扬弃"的辩证综合思维批判所谓"艺术终结"论：对艺术→宗教→哲学三个环节的过渡、转化关系的再阐释

再说"替代"说。"替代"说认定所谓黑格尔"艺术终结"论的含义是说，艺术、宗教、哲学三者的关系是，当前一个终结、停止或者死亡时，后一个就接续、替代前一个继续发展，或者概而言之是一种相继替代的关系——宗教替代艺术、哲学替代宗教，哲学是最后、最大的替代者（形态）。比如德国学者布普纳（Rüdiger Bubner）认为："精神在哲学这种形态里是完全在自身之中的，这也开启了一种体系化处理艺术的可能性，只要精神自身在审美现象（ästhetischen Phänomenen）之中就将自己认识为一种直接的显现的方式或者感性外观。"[1] 据此，布普纳进而指出，判定艺术"终结"的大判官乃是哲学，认为："在感性显现中出现的真理会取向艺术中直接呈现，必须正当地通过绝对的中介在思维中被还原。哲学取代（ablösen）了艺术并且将之作为精神发展史的一个过去阶段。"[2] 这里，他虽然跳过了（或者说没有涉及）宗教阶段，直接将艺术看作是绝对精神发展过程中的"过去阶段"而"终结"，但是明确使用了取代（ablösen）概念，确认艺术最终被哲学所替代（取代）。这是布普纳对所谓的黑格尔"艺术终结"论的"替代"说阐释。在中国，"替代"说的最重要代表是朱光潜先生，他在《美学》中译本"译后记"中虽然承认黑格尔"不曾明说艺术终将灭亡，但他对于艺术的未来是极其悲观的"，批评他"把艺术导致死胡同里"，并在标题"五"里明确将黑格尔关于艺术"解体"（Auflösung）的说法概括为"哲学取代艺术说"[3]。

---

1 Rüdiger Bubner, Ästhetische Erfahrung, Frankfurt am Main: Suhrkamp, 1989, S. 17.
2 Ibid., S. 18.
3 ［德］黑格尔：《美学》(第三卷下)，朱光潜译，北京：商务印书馆，1996年，第353页。

"替代"说不同于"死亡"说之处在于，它不是静止地宣称艺术死亡的结果，而是动态地描述艺术的终结意味着将被宗教所取代，而宗教将进而被哲学所取代的过程，这样，艺术、宗教、哲学就成为这整个运动过程中三个相继替代的阶段。的确，在黑格尔那里，这三个阶段，是绝对精神辩证运动、自我展开、自我认识和前后相继的三个环节。但是，这三个阶段、三个环节，既不是互相并列、不分高下的关系，也不是历史时间上前后相续的关系，更不是逻辑上后一个替代前一个的相继替代关系。在我看来，这些理解特别是"替代"说完全不符合黑格尔关于绝对精神否定之否定运动的辩证思维逻辑。

黑格尔关于绝对精神这三个环节的三段式辩证运动有这样一段精辟论述：

> 绝对心灵（按：即"精神"）的**第三种形式**就是**哲学**（前两个环节或形式就是艺术和宗教）……
> 我们必须把自由**思考**看作这种最纯粹的知识形式，哲学用这种自由思考把和宗教同样的内容提供给意识，因而成为一种最富于心灵性的修养，用思考去掌握和理解原来在宗教里只是主体情感和观念（按：亦译为"表象"）的内容。这样，艺术和宗教这两方面就在哲学里统一起来了。一方面哲学有艺术的**客体性相**，固然已经把它的外在的感性因素抛开，但是在抛开之前，它已把这种感性因素转化为最高形式的客观事物，即转化为**思想**的形式；另一方面哲学有宗教的**主体性**，不过这种主体性经过净化，变成**思考**的主体性了。因为思考一方面是最内在最真实的主体性，而另一方面真正的思想，即理念，也是最实在最客体的普遍性，这只有在思考本身以内并且用思考的形式才能掌握住。[1]

---

[1] ［德］黑格尔：《美学》（第一卷），第 132—133 页。

这段论述告诉我们，第一，三个环节中，艺术是以客体性的感性形式呈现的；宗教是以主体性的情感和表象形式呈现的；哲学则是以主客体统一的思考（思维）形式呈现的。第二，三个环节的精神性（心灵性）是渐次提升的，艺术的感性形式精神性相对弱，宗教的情感和表象精神性强于艺术而弱于哲学，哲学"最富于心灵性"（精神性）。第三，三个环节的发展是否定之否定的辩证运动，宗教的主体性是对艺术单纯的客体性的否定（第一个否定），哲学则进一步否定了宗教的单纯主体性（第二个否定），并对艺术的客体性和宗教的主体性进行了辩证的综合，"艺术和宗教这两方面就在哲学里统一起来了"，达到了主体性与客体性在哲学思维层面的更高的统一。这种辩证统一正是三个环节精神性渐次提升的内在原因。第四，这三个环节之间是什么关系呢？黑格尔分别用了"转化"（**vertauschen**）和"净化"（**gereinigtist**）两个词，讲艺术（感性形式）演进到哲学（思维形式）时，他说，哲学"已把这种感性因素**转化**为最高形式的客观事物，即**转化**为**思想**的形式"，而绝不是布普纳所说的什么"替代"或者"取代"；而宗教演进到哲学，黑格尔讲宗教"这种主体性经过**净化**，变成**思考**的主体性了"，用的是"净化"，同样不存在"替代"或者"取代"。虽然黑格尔这里跳过了对艺术向宗教演进的叙述，从上一节引用的黑格尔关于宗教的论述，艺术向宗教提升的核心就是从客体性相转移到主体的内心生活，因而感性认识内在化为了表象和情感成了宗教的基本要素。"从艺术转到宗教的进展"即"转化"，实质上是宗教主体性对艺术客体性的否定和综合、提升。显而易见，艺术到宗教的转化、提升，同样是辩证的否定和综合的过程，而不是"替代"或者"取代"。第五，总起来看，艺术→宗教→哲学三个环节的过渡、转化，是黑格尔绝对精神三段式辩证演进、综合提升，成为自由、无限的"全体"的过程。这充分体现出黑格尔整个哲学体系所遵循的辩证思维的普遍规则。

关于这三个环节辩证运动过程，让我们再看一下黑格尔的另一段经典性论述：

> 这门科学（按：指哲学）是艺术和宗教的统一，因为艺术的按形式而言的外在的直观方式，即艺术的主观的创造和把实体的内容碎裂为许多独立形象的活动，在宗教的总体性里、即其在表象中自我展开着的分离活动和对展开了的东西的调解活动里，不仅被束在一起成为一个全体，而且也被统一到单纯的、精神的直观里，从而被提高为（erhobenist）有自我意识的思维这种知因而即是艺术和宗教的思维着地认识了的概念，在这个概念里内容上有差异的东西被认识到是必然的，而这必然的东西被认识到是自由的。[1]

这段话具体论述了艺术和宗教如何通过三段式辩证运动在哲学中达到统一的。首先，是精神自我表现的过程经历了由个别的独立形象到概念全体的过程。艺术"把实体的内容碎裂为许多独立形象的活动"是其**感性直观**形式否定自身，树立对立面即走向"宗教的**总体性**"的活动，这是第一个否定；接着，宗教在其**表象**中"自我展开""分离活动"，再否定自身，这是第二个否定，这个否定同时又是对艺术和宗教两个展开的对立面进行"调解"即辩证综合的过程；通过否定之否定，达到二者在哲学**概念**思维中的辩证统一。这里要注意三点：一是这三个环节的辩证统一和转化演进运动，同时也是绝对精神自我认识的过程；二是这种自我认识是由艺术直观→宗教表象→哲学概念的逐步深化和提升（提高，erhobenist）的过程，即提升为将艺术和宗教包含在自身内的"思维

---

[1] ［德］黑格尔：《精神哲学》，第383页。

着地认识了的概念"——哲学;三是这个三段式的"调解"即辩证综合活动的目的是,在哲学概念中成为"全体","全体"在自身内包含着差异和矛盾(对立面),但是经过辩证综合而获得自由。

黑格尔上面这段话之所以有经典性,不仅在于它比较系统地揭示和阐述了艺术、宗教、哲学三个环节的内在联系和辩证转化的规律,而且深刻地体现出其辩证思维所遵循的一般原则,其中,"扬弃"和"全体"在我看来最为重要。本文将结合所谓"艺术终结"论问题,对"扬弃"和"全体"两个概念进行重点阐述。

先说"扬弃"(Aufheben)。**扬弃**是黑格尔辩证思维、辩证法原则的核心内涵和概念。它包含了否定(一分为二)、否定之否定(否定片面、有限的东西),进行"调解"综合,被否定的有限东西又被保存下来,达到统一或思辨(将两个对立环节包含在自身之内),即精神性提升为"全体"等等意义,可见,在某种意义上,"扬弃"体现了辩证法、辩证思维的核心意蕴。

关于"扬弃",黑格尔有一系列论述,他指出:"但事实上,片面的东西并不是固定的、独立自存的东西,而是作为被**扬弃**了的东西包含在全体内。"[1] 又说:"在辩证的阶段,这些有限的规定**扬弃**它们自身,并且**过渡(Übergehen)** 到它们的反面。"[2] 黑格尔还把以"扬弃"为核心的辩证法上升到哲学发展的灵魂的高度,指出:"辩证法却是一种内在的超越(immanente Hinausgehen),由于这种内在的超越过程,知性概念的片面性和局限性的本来面目,即知性概念的自身否定性就表述出来了。**凡有限之物莫不扬弃其自身**。因此,辩证法构成科学进展的推动的灵魂。"[3]

如果将黑格尔关于"扬弃"的上述论述用在艺术、宗教、哲学三

---

1 [德]黑格尔:《小逻辑》,第101页。
2 同上,第176页。
3 同上。

个环节的内在联系和辩证转化上，我们可以说，这三者"扬弃"自身有三层含义：（1）艺术和宗教都有片面性、有限性，不是固定不变、独立自存的，它们扬弃自身的有限规定，"**过渡**到它们的反面"，即否定自身走向反面，艺术走向反面——宗教，宗教又走向反面——哲学，这个否定之否定过程就是**扬弃**活动；（2）艺术和宗教各自（认识方式和表现方式方面）的有限性、片面性并没有被彻底抛弃，而是"作为被**扬弃**了的东西包含在全体内"，即被保存下来，包含、统一在哲学中，也就是我们前面所说艺术的单纯客体性与宗教的单纯主体性作为有限规定都被扬弃，而被保存在哲学中，达到二者的辩证统一；（3）扬弃也是精神提高（erhobenist）的过程和内在的超越（immanente Hinausgehen）过程，即艺术和宗教否定、克服各自知性思维的片面性和局限性，而提升、超越到哲学的辩证—思辨思维的高度。

下面，我们来看看黑格尔自己是如何解释"扬弃"（Aufheben）概念的含义的，他说：

> 扬弃在语言中，有双重意义，它既意味着保存、保持（erhalten），又意味着停止、终结（ein Endemachen）。保存自身已包括否定，因为要保持某物，就须去掉它的直接性，从而须去除掉它的可以受外来影响的实有。——所以，被扬弃的东西同时即是被保存的东西，只是失去了直接性而已，但它并不因此而化为无。——扬弃的上述两种规定也可以引用为字典中的这个词的两种意义。[1]

黑格尔对"扬弃"双重含义——保存与终结——的这一分析，十分辩证、精辟和深刻，它使得"扬弃"成为黑格尔辩证—思辨方法关键

---

1 ［德］黑格尔：《逻辑学》（上），第98页。

的运作机制。在知性思维里有限物与无限物是处在对立之中的，从而使得有限物本身的规定成为固定不变、长存不灭的。而所谓辩证的方法就是揭示出有限之物本身的有限性，因为有限物本身按照其规定就是有限的，有限又意味着有限物会自我否定、自我终结，这就达到了扬弃的第一层含义，有限物走向了自己的终点。但另一方面有限物停止了自身存在又意味着它同时停止了自己的有限性，终结自己的有限性便是克服了有限物的直接性，它的有限性被超越了，而它也被保存起来，这种保存的意思是在有限物作为全体的一个环节克服了它的直接存在，被提升为观念性的存在，成了可能性的现实性，成了简单的思想规定。所以，"它并不因此而化为无"，即并不在通常意义上真正地终止、结束甚至死亡。正是在这个意义上，扬弃是思辨—辩证方法的灵魂。

前面我们用"扬弃"的辩证思维方法对艺术→宗教→哲学三个环节的演进、转化所做的三点分析，充分体现出"扬弃"的双重含义，既"终结"又"保存"。由于所谓黑格尔的"艺术终结"论与"扬弃"中的"终结"含义，用的是同一个词（Ende），所以这里还需要做一简要的补充说明。在"扬弃"中，"终结"与"保存"双重含义不能分割，必须联系、结合在一起才能得到全面、准确的理解。这三个环节"扬弃"中的"终结"，"并不因此而化为无"，并不等于承认艺术、宗教的彻底结束、消失乃至死亡，而是揭示出艺术、宗教作为有限之物本身的有限性，而走向自我否定、自我终结；但是它们只是终结、停止、超越了自己的有限性，从而也在更高的哲学思维中被统一和"保存"起来。终结不是静态的结束，不是"化为无"，而是被动态地扬弃即以更高的形态保存下来了。此外，在前面一段引文中，黑格尔在"扬弃"的三段式演进关系上使用了"**过渡**"（Übergehen）一词，值得我们重点关注，我认为，这个"过渡"，正是"扬弃"之"终结"和"保存"双重含义的辩证统一。这显然与"替代"说、"死亡"说和诸如此类割裂、切断三环节辩证转化关系的观点划清了界限。

黑格尔《美学》中有一段直接使用了"扬弃"概念的论述，可以作为佐证。他在论及浪漫型艺术发展到"终点"时说：

> Dadurch erhalten wir als Endpunkt des Romantischen überhaupt die Zufälligkeit des Äußeren wie des Inneren und ein Auseinanderfallen dieser Seiten, durch welches die Kunst selbst sich **aufhebt** und die Notwendigkeit für das Bewußtsein zeigt, sich höhere Formen, als die Kunst sie zu bieten imstande ist, für das Erfassen des Wahren zu erwerben.（中译文为：因此浪漫型艺术就到了它的发展的终点[Endpunkt]，外在方面和内在方面一般都变成偶然的，而这两面又是彼此割裂的。由于这种情况，艺术**扬弃**了自身[Kunst selbst sich **aufhebt**]，就显示出意识有必要找比艺术更高的形式去掌握真实。）[1]

众所周知，黑格尔在艺术史研究上提出了象征型→古典型→浪漫型这三种历史类型的三段式演进脉络，而浪漫型艺术，在黑格尔那里，由于内在（主体）与外在（客体）的偶然性均处于分裂状态而走向自我扬弃。这种扬弃，不仅仅是浪漫型艺术的扬弃自身，而且是浪漫型艺术在完成了三种历史类型的辩证演进的同时，也完成了三段式综合的全部艺术的演进，也就是整个艺术扬弃自身，寻找认识、掌握绝对精神的真实、真理的更高形式——宗教、哲学。这个扬弃，并没有"终结"艺术，而是寻求向认识绝对精神的更高形式——宗教、哲学的转化、过渡。

---

[1] 参见 Hegel, Vorlesungen über die Ästhetik II, TWA. Bd. 14, S. 142。中译见[德]黑格尔：《美学》（第二卷），1996年版，第288页。朱先生将"Kunst selbst sich **aufhebt**"翻译成了"艺术就自己否定了自己"，对"扬弃"的理解同样不够准确。

这里还插一下西方某些美学家对这段话中"扬弃"概念的误译、误读，直接导致对"终结"的"死亡"说解释。1920 年奥斯梅森（F. P. B. Osmaston）翻译的《美的艺术哲学》是黑格尔《美学讲演录》最早的英文译本。该英文译本对上面这一段德文的翻译是：

> We find as the termination of romantic art, the contingency of the exterior condition and internal life, and a falling asunder of two aspects, by reason of which art commits an act of **suicide**.（中译文为：我们发现……作为浪漫型艺术的终结，外在条件与内心生活的偶然性，以及两方面的分裂，因此艺术就发生了**自杀的行为**。）[1]

不难发现，这里黑格尔的德文原文 "sich **aufhebt**" 即 "**扬弃**了自身"，竟然被奥斯梅森翻译成 "act of **suicide**"（自杀的行为）。这种极为荒谬的错译，不仅反映出译著对黑格尔 "**扬弃**" 概念一无所知，而且直接推导出黑格尔的 "终结" 论等于 "死亡" 甚至等于 "自杀" 的结论。这是何等的荒唐和可怕！当然，这种错译在 1975 年的诺克斯（T. M. Knox）译本中有所改进，但它把 "Kunst selbst sich **aufhebt**"（艺术**扬弃**了自身）译成 "art **annuls** itself"（艺术就**取消**了自己）[2]，仍然与 "**扬弃**" 的原意相距很远，而且与 "死亡" 说比较接近。这个例子从反面证明，唯有按照辩证思维的 "扬弃" 说，才能全面、准确地理解黑格尔的 "艺术终结" 论，而不至于被 "死亡"、"自杀"、"替代" 以及诸如此类的阐释所迷惑或者扰乱。

---

[1] Hegel, *The Philosophy of Fine Art*, vol. 2, translated with notes by F. P. B. Osmaston, London: G. Bell and Sons, Ltd., 1920, p. 296.

[2] G. W. F. Hegel, *Lectures on Fine Art*, vol. 1, translated by T. M. Knox, Oxford: Clarendon Press, 1975, p. 529.

再说"全体"（**Ganze**）。前面我们已经引用到黑格尔有关哲学将艺术与宗教结合为"全体"的说法，[1] 怎么理解"全体"？黑格尔提出"真的东西是全体"这一极为重要的命题，并做了如下阐述："真的东西是全体。但全体只是通过自身发展而达于完满的那种本质。关于绝对，我们可以说，它本质上是个结果，它只有到终点才真正成为它之所以为它；而它的本性恰恰就在这里，因为按照它的本性，它是现实、主体或自我形成。……开端、原则或绝对，最初直接说出来时只是个共相。……上帝、绝对、永恒等字也并不说出其中所含的东西，事实上这样的字只是把直观当作直接性的东西表述出来。比这样的字更多些的东西，即使仅只变为一句话，其中也包含着一个向他物的转化（这个转化而成的他物还必须重新被吸收回来），或一个中介。"[2] 这段话的意思是，首先，全体的本质是真——真实、真理，但是，真不是一个现成的实体存在，而是一个过程，是全体通过自身诸环节的发展而达到完满的那种本质，所以，只有达到全体，才真正达到真实、真理。其次，全体并非诸环节的机械叠加或外在的拼凑，全体乃是诸环节之内在关系，因而环节只有在全体中才有其位置，才能得到其规定；环节无法脱离全体，每一个环节都在整体中有着自己的位置，所以全体势必是一个形成关系的过程，全体既是结果又是自我发展的过程。再次，这个自我发展过程就是后一环节对前一环节的扬弃，在开端，全体尚不是全体，而只是一个目标（目的），而环节则是全体自我发展某一阶段全部的自我规定，因而环节既是全体，又只是全体的一个规定性，环节本身必须被扬弃，扬弃的过程就是开端逐渐丰富起来，从抽象到现实，后面一个环节是前面一个环节的真实和真理，因而完成了的环节就成为真正的全体、到达结果的全

---

1 参见［德］黑格尔：《精神哲学》，第383页。
2 Hegel, Phänomenologie des Geistes, TWA. Bd. 3, S. 24. 中译见［德］黑格尔：《精神现象学》序言，贺麟、王玖兴译，北京：商务印书馆，2012年，第13页，译文有改动。

体，也因而才是完满的真实、真理。又次，诸环节不断扬弃自身最终成为真正的全体，这个不断扬弃的过程意味着只有一个全体、全体是一，因为全体无所不包，没有任何一个环节能脱离全体而孤立存在，之前的环节包含在之后的环节之内。真（真实、真理）的东西与全体是一而二、二而一的，只有全体才是真的东西，唯一真实的东西就是全体。因此，黑格尔在推演精神辩证运动的各个层次的三段式时，常常讲后一环节是前一环节的真实、真理，最后一个环节达到"全体"——包含前两个环节在内的完满的真实、真理。

现在回过头来，我们就可以明白，艺术、宗教、哲学三个环节的三段式辩证演进，也就是通过"扬弃"作为第一环节的艺术和作为第二环节的宗教而达到作为结果的绝对即"全体"——哲学——的过程。就是说，艺术虽然是理念（真实、真理）的感性显现，但是，毕竟"用感性形式来表现真理，还不是真正适合心灵（按：即绝对、真实、真理）的表现方式"[1]；宗教在表现真理、真实方面有了提升，它将感性形式包含的外在的直接性引入了内心世界，将外在性提高为内在性无疑更贴近了真理和理念所要求的内在的精神性。当然，最真实的、最适合真理表现的乃是哲学思考，因为哲学思考以思想为对象，实现了内在性和普遍性的同一，从而实现了真理的目标，内在**最真实**的主体性和最实在最客体的普遍性。所以，在三环节中，宗教比艺术更真实，哲学比艺术、宗教更真实，哲学才是最终的"全体"，才是完全真实、真理的东西。如果说宗教环节把艺术环节包含在自身之内，那么，哲学"全体"则把艺术和宗教两个环节都包含在自身之内。

由此可见，黑格尔的辩证思维的核心是扬弃，扬弃活动的结果是"全体"。艺术、宗教、哲学三个环节的三段式演进，正是通过扬弃而达到"全体"的辩证思维的过程。这里，艺术扬弃自身转化、过渡到宗

---

1 ［德］黑格尔：《美学》（第一卷），1996年版，第133页。

教，进而转化、过渡到哲学，中间不存在任何断裂、任何事实上的终止、结束，包括死亡和替代。

这里附带还要谈一下，艺术、宗教、哲学三者有没有高低之分？学界有一种观点，认为黑格尔对这三个环节不分高下，等量齐观。笔者不同意这个看法。如前所说，在黑格尔那里，艺术作为绝对精神直接的知（**直观**），其内容就相应地表现为绝对精神的直接存在的客观性；而宗教作为绝对精神的**表象**，其内容就被投射为绝对精神主观的内在性；而哲学作为绝对精神对自身自由的思维，其内容就是精神最本真的形态——**思想**。在这个意义上就不能否定艺术、宗教、哲学三者之间有高下之分了，尽管这种区分确实不是知性意义上的高低，但是，哲学对艺术和宗教的扬弃既是一种对其合理性因素的保存，同时又是对其局限性的超越和提升，也即提高。从黑格尔自己体系发展的内部线索来看，哲学也确实达到了绝对精神运动最本真的一环，这种对自身自由的思维才使得在哲学这种形式中绝对精神达到了最纯粹也就是最高的形态。谓予不信，请看下面黑格尔自己的说法：

首先是艺术，黑格尔说："因为**艺术**本身还有一种局限，因此要超越这局限而达到**更高**（höher）的认识形式。"[1] 这就是说，在三环节中，艺术相对是最低的。黑格尔在论及浪漫型艺术发展到终点时同样说，艺术"就显示出意识有必要找**比艺术更高（höher）的形式**去掌握真实"[2]。艺术要超越自身转化为更高的认识形式，这就是宗教，因为"最接近艺术而**比艺术高一级（überragen）的领域**就是**宗教**"[3]。就是说，宗教在表现和认识绝对精神方面高于艺术。但是，在黑格尔看来，与哲学相比，宗教的"情绪与观念的虔诚还不是内心生活的**最高形式**（die höchste Form）"，必须把哲学的"自由思考看作这种最纯粹的知识形式"，哲

---

1 ［德］黑格尔：《美学》（第一卷），1996年版，第131页。
2 ［德］黑格尔：《美学》（第二卷），1996年版，第288页。
3 ［德］黑格尔：《美学》（第一卷），1996年版，第132页。

学一方面把艺术的"**感性因素转化为最高形式**的客观事物,即转化为**思想**的形式";另一方面使"宗教的**主体性**""经过净化,变成**思考**的主体性了",从而使"艺术和宗教这两方面就在哲学里统一起来了",统一在这种**最高形式**的哲学中。[1]这些引文充分证明,在黑格尔本人对这三者在表现绝对时精神性由低到高的排序中,艺术最低→宗教较高→哲学最高,这是毋庸置疑,也无法否定的。在其他地方,还可以举一个旁证,他说:"我们的时代,宗教和理性的教养都超越了艺术这一阶段,以一种**最高的**(die höchste)方式,表达绝对。因此艺术作品并不能满足我们最后对绝对的需求,我们也不再崇拜艺术作品,我们与艺术作品的方式是一种更为审慎的关系。"[2]这里虽然只点出艺术属于较低的方式,肯定宗教和哲学(理性)都是"最高形式",而没有区分宗教和哲学哪个更高,但是承认它们之间有高低之分是没有疑问的。这也许与黑格尔这段话出自其较早(1823年)的美学讲演有关。

德国学者杰施克(Walter Jaeschke)也明确肯定在黑格尔那里,三者在精神结构方面处于由低到高的序列,他说,"直观、表象和思维的主观精神结构一方面决定了艺术、宗教、哲学三个领域的自治性,另一方面也赋予了对应的**较高领域对较低领域的干涉权,从而宗教能支配艺术**,并进而影响其自治权"[3]。其实,他尚未说完的话是,就精神领域而言,宗教高于艺术,因而能支配艺术;哲学又高于宗教,因而能支配宗教和艺术。

---

[1] [德]黑格尔:《美学》(第一卷),1996年版,第132—133页。

[2] Hegel, Vorlesung über Ästhetik, Berlin, 1823. Nachgeschrieben von Heinrich Gustav Hotho. Hrsg. v. Annemarie Gethmann-Siefert, S. 6. 原文为:Unsere Welt, Religion und Vernunftbildung ist über die Kunst als die höchste Stufe, das Absolute auszudrücken, um eine Stufe hinaus. Das Kunstwerk kann also unser letztes absolutes Bedürfnis nicht ausfüllen, wir beten kein Kunstwerk mehr an, und unser Verhältnis zum Kunstwerk ist besonnenerer Art.

[3] Walter Jaeschke, Kunst und Religion. In: Die geschichtliche Bedeutung der Kunst und die Bestimmung der Künste, München: Wilhelm Fink Verlag, 2005, S. 102-103.

三、浪漫型艺术之后：自由艺术的开始

与艺术→宗教→哲学三段式的辩证运动一样，对艺术的三种历史类型——象征型→古典型→浪漫型三个环节的过渡、转化关系，也应该做"扬弃"、辩证综合的阐释，这是由黑格尔对绝对精神自运动、自发展、自认识的辩证逻辑的总体架构决定的。由于浪漫型艺术是三种历史类型演进的最后一个环节，所有关于艺术"终结"、"解体"的言说，都出现在浪漫型艺术的最后阶段，所以我们重点应该考察以下四个问题：一是弄清黑格尔如何通过否定之否定的三段式运动，描述艺术如何走过象征型→古典型→浪漫型的逻辑进程的；二是进而描述浪漫型艺术如何从古典型艺术解体中走出来，又分三个阶段一步步走向衰落、解体的；三是弄清浪漫型艺术的"终结"、"解体"不等于整个艺术的终结，这个区分极端重要；四是着重阐述浪漫型艺术**之后**，出现和开启了另一种新的当代艺术形态——自由艺术。

先讨论第一点。首先，应当对黑格尔关于三种历史类型辩证演进的内在逻辑规则予以考察，以便弄清楚，从总体上看，浪漫型艺术在三种历史类型的艺术的演进（即从象征型→古典型→浪漫型）过程中占有何等地位。黑格尔认为，在这三段式中，**象征型艺术**是"艺术的开始阶段，想象力倾向于努力从自然转到精神"，但"还只是对精神的追求，精神还没有替艺术找到真正的内容，因此只能用外在的形式来表现自然界的意义，或是表现具有实体的内在因素（这才形成艺术的真正中心）的无主体性的抽象概念"。[1] 实际上象征型艺术是精神与外在自然的形式不相符、外在自然物质大于精神的阶段。因而，象征型艺术就要否定自己（第一个否定），走向反面（对立面）——古典型艺术。如黑格尔所说，"与此相反，在第二阶段，即在古典型艺术里，精神形成了艺术内容的

---

[1] ［德］黑格尔：《美学》（第二卷），1996年版，第273页。

基础和原则，不过精神只有通过否定自然界的意义才能显出它自己；而有血有肉的感性的自然现象则提供适合精神的外在形式"，这种形式"是由精神完全渗透到它的外在显现里，使自然的东西在这美妙的统一里受到理想化，成为恰好能表现具有实体性的个性的那种精神的现实事物"，在此，精神与外在自然物质达到完全、完满的统一和平衡，"从而使艺术达到完美的顶峰"。[1] 因此，黑格尔明确肯定"古典型艺术是理想的符合本质的表现"[2]，也就是进入最能体现艺术本质、艺术之所以成为艺术的阶段。但是，古典型艺术还存在不能摆脱用感性形式表现理性精神的缺陷，它"因为要借外界因素来实现，从而使感性现实符合精神存在的这种统一毕竟是和精神的本质相矛盾的"[3]，这就需要第二个否定，"迫使精神离开它与肉体的和解（统一），而回到精神与精神本身的和解"[4]，浪漫型艺术于是应运而生。黑格尔认为，在三种艺术历史类型中，古典型艺术由于精神与它在外在自然形式中的显现达到水乳交融、美妙统一而处于中心位置：此前的象征型艺术中，精神只是从外在感性事物中寻找表现自己的对象；而此后则"提升到**回返精神本身**"[5]，"这种精神返回到它身的情况"即"内在主体性的原则"，"就形成了浪漫型艺术的基本原则"。[6] 可见，这个否定之否定，虽然导致古典型艺术解体，却同时促使浪漫型艺术"提升"到精神回返自身的更高阶段。总体上看，从象征型→古典型→浪漫型艺术的演进过程，是从精神寻求外在自然形式而不得的失衡，到精神达到与外在感性形式的完满统一，再到精神突破、超越外在感性形式而返回自身的另一种失衡；但是，从前一个失衡经中间

---

1 ［德］黑格尔：《美学》（第二卷），1996 年版，第 273—274 页。
2 同上，第 274 页。
3 同上。
4 同上。
5 同上。
6 同上，第 274—275 页。

的平衡再到后一个失衡，乃是精神性逐步提升和超越外在自然性、物质性的过程，是从古典型艺术精神与肉体（自然感性存在）的"和解"上升（返回）到浪漫型艺术"精神与精神本身的和解"。

学界已经注意到认为《美学讲演录》由于是黑格尔的学生荷托整理编撰的，不一定完全符合黑格尔的原意。但是，如果我们看一看黑格尔在世时出版并修订过的《哲学全书》的相关章节，就可以发现，两者的基本思想和观点是高度一致的。而且，由于它的相关论述是在黑格尔整个哲学体系辩证思维的大框架下展开的，因此立足点更高，视野更宏阔，逻辑理路更严密。在《哲学全书》中，他从第一个"和解"，即以古典型艺术为中心谈起，先讨论象征型艺术的特征：

> 在这种和解里所实现了的古典艺术中美的圆满完成的那一边，则有崇高的艺术，即象征的艺术；在象征的艺术里，与理念相称的形象还没有找到，相反地，思想被表现为向外走而又与形象挣扎，即被表现为一种对形象的否定态度，而它同时又力求使自己想起形象。这样，意义即内容就表明它还没有找到无限的形式，还没有被知道和意识到自己是自由的精神。[1]

这里，"那一边"是指逻辑上在古典型艺术**之前**的一种艺术类型（方式），即象征型艺术。他指出，象征型艺术的最主要特征是"崇高"，所以又称之为"崇高的艺术"。而造成"崇高"的根本原因是理念与（感性）形象的不平衡，理念找不到相称（相对应）的外在形象。黑格尔具体而细致地描述了理念（精神）寻找外在形象而不得所引发的"挣

---

[1] Hegel, Enzyklopädie der philosophischen Wissenschaften im Grundrisse III, TWA. Bd. 10, S. 369. 中译见［德］黑格尔：《精神哲学》，第375页。

扎"、"否定"、"无休止地和不妥协地在一切形象里翻来覆去的追求"[1]的失衡状态，深刻地揭示出象征型艺术这种内在矛盾必将导致其自身的解体而向古典型艺术转化的趋向。那么，重新打破古典型艺术完全"和解"（统一、平衡）的另一个逻辑进展，则是走向浪漫型艺术：

> 但是，理念和形象的不适合性的另一种方式是：无限的形式即主体性不像在前一个极端里那样只是表面的人格，而是最内在的东西，而神则被知道不是仅仅寻找自己的形象或满足于外在的形象，而是只在自身里找到自己，因而只给予自己以精神世界中的恰当的形象。……因而这种外在性在这里对于它的意义来说就只能作为偶然性出现。[2]

这一段话是具体论述逻辑上古典型艺术**之后的**另一种艺术类型——浪漫型艺术的特征。它与象征型艺术同样体现出"理念和形象的不适合性"，但是，与后者相比，浪漫型艺术中，精神已从外在"表面的人格"转化为"最内在的东西"。这里"神"就是指绝对精神。它不再满足于在外在形象中显现自己，而是回到精神，只在精神自身里找到自己，只给予自己以精神世界中的恰当的形象，也就是"放弃在外在的形象中和通过美去显示"[3]绝对精神本身，而集中表现为摆脱外在性的"内心情感"。黑格尔此处以古典型艺术为理想的**中心**和**本质**标识，通过到**之前**的象征型和**之后**的浪漫型两种艺术历史类型的比较，实际上揭示出浪漫型艺术内在精神性、主体性的根本特征。

---

[1] Hegel, Enzyklopädie der philosophischen Wissenschaften im Grundrisse III, TWA. Bd. 10, S. 369. 中译见［德］黑格尔：《精神哲学》，第 375 页。
[2] 同上。
[3] 同上。

从上引《美学讲演录》和《哲学全书》关于三种艺术历史类型的不同论述，我们可以看到，其基本精神和观点是完全一致的，只是（1）话语表述不完全相同，（2）论述内容的范围、侧重点有所不同。二者的相同之处在于，都把古典型艺术看作艺术之为艺术的本质和理想；都把**之前**的象征型艺术和**之后**的浪漫型艺术看作精神（理念）与感性形式（形象）之间的不同阶段、不同样式的失衡或不适合，都看作是非典型的艺术历史类型。二者的不同之处在于，《美学》动态地勾勒了三种艺术历史类型的否定之否定的辩证运动、转化的逻辑进程和精神提升的过程，重点突出了古典型艺术的中心地位；而《全书》则以古典型艺术为中心，偏重于具体描述象征型艺术精神追寻外在表现而不得、形成崇高的激烈动荡状态，和浪漫型艺术"把神性东西（按：指绝对精神）表现为在外在性中而同时又使自己本身从它里面脱离出来的内心情感"[1]那种矛盾、分裂的状态。由此可见，二者具有明显的互文性和互补性。

这里重点要谈一下两个文本都对浪漫型艺术的本质特征做出了极为深刻、辩证的概括和阐述。毫无疑问，黑格尔对三种艺术历史类型的逻辑进程的叙述，体现出深广的历史意识和视野，所以，我称之为艺术的三种"历史类型"。不过，无论从历史上还是逻辑上看，其艺术历史类型第三个也是最后一个阶段或者落脚点，乃是浪漫型艺术。按照艺术演进的辩证逻辑，古典型艺术已经是艺术的顶峰了，到浪漫型艺术阶段，艺术就开始走下坡路了，真正的艺术逐渐成为过去。那么，黑格尔是如何对这两者进行哲学、美学的比较呢？

在《美学》中，黑格尔明确指出："古典型艺术是理想的符合本质的表现，是**美**的国度达到金瓯无缺的情况。**没有什么比它更美，现在没有，将来也不会有。**"[2]但是，他同时又指出，"不过还有比这种精神在它

---

1 Hegel, Enzyklopädie der philosophischen Wissenschaften im Grundrisse III, TWA. Bd. 10, S. 369. 中译见［德］黑格尔：《精神哲学》，第 375 页。

2 ［德］黑格尔：《美学》（第二卷），1996 年版，第 274 页。

的直接的（尽管还是由精神创造来充分表现它自己的）感性形象里的美的显现（按：指古典型艺术）还**更高的艺术**"[1]，那就是浪漫型艺术。不仅"更高"，而且在某种意义上还是更高的美，他说："对于这个**最后的艺术阶段**来说，**古典理想的美**，亦即形象最适合于内容的美，就不是**最后的（最高的）**(**Letztes**) 美了。因在浪漫型艺术阶段，精神认识到它自己的真实不在于自己渗透到躯体里；与此相反，它只有在离开外界而返回到它自己的内心世界，把外在现实看作不能充分显现自己的实际存在时，才认识到自己的真实。……现在的美却要变成**精神的美**（geistige Schönheit），即自在自为内心世界作为本身**无限的精神的主体性**（unendlichen geistigen Subjektivität）的美。"[2] 换言之，"浪漫型艺术的真正内容是绝对的内心生活，相应的形式是精神的主体性，亦即主体对自己的独立自由的认识"[3]。正是浪漫型艺术那种主体性、精神性、自由性的"新内容"形成的是一种"精神的美"，而不是理念（精神）与感性形象相统一、和解的古典理想的美。在精神层次上，"精神的美"显然高于古典理想的美。古典型艺术在理念与感性形象完全统一这一点上是**最美**的；但是从三种艺术历史类型的辩证演进角度看，浪漫型艺术虽然处于第三即最后阶段，在发展序列上却是"**更高的艺术**"，其"精神的美"却是**更高**的美。何以这么说？他的回答是，浪漫型艺术是精神回到自身，具有更高的自由性，因为"精神只有在自己家里，即在精神世界（包括情感、情绪和一般内心生活）里，才能找到适合它的实际存在。通过这一点，精神才意识到它本身就已包含它的另一体，即它作为精神的**实际存在**，从而才享受到它的无限和自由"[4]。

---

1 ［德］黑格尔：《美学》（第二卷），1996年版，第274页。
2 同上，第275页。
3 同上，第276页。
4 同上，第274页。

无独有偶,《全书》也有类似却更明确的说法。黑格尔说,古典型美的艺术"对于自由精神的直观和意识被给予了和达到了。美的艺术从自己方面作出了哲学所做的同样的东西:使精神摆脱了不自由",古典型"美的艺术只是一个解放的阶段,而不是最高的解放本身。……而这种客观性在艺术品的感性美里是没有的,在那种外在的、不美的感性里就更没有了"。[1] 这就是说,精神"最高的解放"和自由,不在古典型感性美的艺术里,更不在象征型艺术那种"外在的、不美的感性里",而只是在也只能在浪漫型艺术"精神的美"里。这就揭示了浪漫型艺术比古典型艺术**更高**的美,来源于精神更高的自由和解放。

黑格尔关于古典型与浪漫型艺术何者更美的两种貌似不同说法,其实精神内涵上并不矛盾。说古典型艺术**最美**,是就黑格尔对艺术理想和本质(精神与形象和谐统一)的界定而言的;而说浪漫型比古典型艺术的美**更高**,则是就其处在精神演进更高的层面而言的。前者是对古典型艺术类型的静态(稳定)本质的概括;后者则是对浪漫型艺术类型新特点的动态发展的把握。过去我们往往只注意到前面一点,而忽视后面一点,这至少是不全面的。只有把这两方面结合起来,才构成黑格尔对艺术美的辩证、全面的看法。这一点也是我们理解所谓"艺术终结"问题的理论前提之一。

当然,毋庸讳言,就黑格尔个人的审美理想而言,他的确对以古希腊艺术为代表的古典型艺术更为倾心、更为崇拜、更为赞赏,在这方面他不知道说了多少赞美的话、做过多少高度的评价,就是说,缅怀过去是他的审美理想的主基调;相反,对于浪漫型艺术,特别是第三阶段的,他常有微词,有时还有尖锐的批评。但是,他居然把**"最后的美"**

---

[1] Hegel, Enzyklopädie der philosophischen Wissenschaften im Grundrisse III, TWA. Bd. 10, S. 369-372. 中译见 [德] 黑格尔:《精神哲学》,第 375—377 页。

赋予有时"不美的"[1]浪漫型艺术，看起来与其审美理想的确有距离。原因何在？我以为，在演绎三种艺术历史类型的逻辑演进时，黑格尔心目中有两个基本逻辑：一是艺术和审美的逻辑，二是历史发展的逻辑。在书写美学著作时，他主要遵循的是历史发展的逻辑，而把艺术、审美的逻辑放在第二位，也就是艺术、审美的逻辑服从于历史发展现实的逻辑，个人的审美理想和趣味服从于历史的现实进展。这就是一位伟大哲人的伟大选择。

这里有必要重温一下浪漫型艺术如何从古典型艺术的解体中转化生成来的。黑格尔指出：

> 古典型艺术这个概念不仅包括古典美自生展的过程，而且还包括古典美的解体（Auflösung），这就导致另一个领域，即浪漫型艺术。……这种解体导致艺术主要因素的分裂，而原先由这些因素直接融合成美的那种和谐却是古典型艺术的精髓。这种解体中的艺术活动就是第三章（按：指浪漫型艺术）的题材。内容和外形既已分裂，内心世界独立地处在一边，和它割裂开的外在世界处在另一边，退回到自身的主体就不再能从已往的那些形象中找出能表现它所理解的现实，于是从一种更绝对自由无限的新的精神世界吸取内容，为着表现这种较深刻的内容意蕴，就要四处搜寻新的表达方式。[2]

古典型艺术和古典美的解体，源于精神内容与外在形象由和谐统一（古典型艺术的本质和精髓）走向对立和分裂，但是这种解体并不导致

---

[1] ［德］黑格尔：《美学》（第二卷），1996年版，第286页。
[2] Hegel, Vorlesungen über die Ästhetik, TWA. Bd. 14, S. 107. 中译见［德］黑格尔：《美学》（第二卷），第251页。

它"死亡"意义上的"终结",而是导致"绝对自由无限的新的精神世界"的"新的表达方式"——浪漫型艺术的生成。古典型艺术虽然成为"过去",但并没有"死亡"。而新的浪漫型艺术同古典型艺术一样,也走过了自己三个阶段的辩证发展过程。

第二点看看黑格尔如何沿着象征型→古典型→浪漫型的三段式逻辑进路,来推演、描述浪漫型艺术自身走过的三段式(宗教范围的浪漫型艺术、中世纪的"骑士风"艺术、人物性格形式上独立性的浪漫型艺术)发展进程。这里需要说明,在黑格尔那里,浪漫型艺术这个三段式进程体现了逻辑与历史的统一,他是把浪漫型艺术作为历史(而不是一般)类型,贴近其在历史发展中的实际情况,即按照浪漫型艺术的基本概念从描写的题材角度,分成三个阶段来叙述其逻辑演进的:

(一)宗教范围的浪漫型艺术。这里"宗教"不是指对绝对精神自认识的三种方式(艺术、宗教、哲学)之一的、最高层级意义上的宗教;而是指在人们实际生活中的宗教信仰和宗教活动。"在宗教范围里占中心地位的是赎罪史,即基督的生、死和复活。这里的基本定性是返回,这就是说,神对它的直接的有限存在持否定态度,把这方面克服掉,通过这种解放,精神在自己的领域里显示出自己的无限性和绝对的独立性。"[1]这个阶段的浪漫型艺术就是通过宗教题材,描述精神的第一个否定,开始从古典型艺术"返回"精神自身,克服外在形象的直接性、有限性。

(二)中世纪的"骑士风"艺术。这一阶段的艺术又是对前一阶段单纯宗教题材的否定,从神界走向尘世,"由于精神本身的神性,由于有限的人上升到神的过程,独立性接着就推广到尘世了"[2]。在此,浪漫型艺术着重描绘"骑士风"的荣誉、爱情、忠贞等题材。其中人间"凡人

---

1 [德]黑格尔:《美学》(第二卷),1996年版,第288页。
2 同上。

的主体不包含前此与神和解时所包含的否定，变成对自己和对亲人都是肯定的。这种纯然世俗性的无限（或独立）所涉及的内容只限于荣誉中的个人独立性、爱情中的亲切情感以及忠贞中的服役关系"，它们"所表现的总不外是主体的独立性和亲切情感"。[1] 这种精神回到尘世、回到人间亲切情感，是第二个否定，是对第一个否定的再否定。

（三）人物性格形式上独立性的浪漫型艺术。实际上指文艺复兴后的近代艺术。这一阶段艺术题材完全聚焦于个体林林总总的客观现实世界，它"所涉及的一般是一个独立自由的客观存在的个别特殊事物的世界。就它无须由宗教精神渗透进去，无须与绝对结成统一体来说，它是立在自己的脚跟上而且在自己的领域里独立行走的"[2]。这又是对第一、二阶段宗教范围和"骑士风"题材的否定，是否定之否定。在此，"宗教的题材、骑士风以它的由内心产生而不直接符合现实的那些高尚的观点和目的都已消失不见了。现在要满足的却是对现实本身的希求"；在审美上的要求也发生了重要变化，"人要在他的现实世界里凭艺术把现实事物本身按照它们的本来生动具体的样子再造出来（尽管要牺牲内容和表现两方面的美和理想性）"，在古典型艺术中真正达到的精神意蕴与感性形式的完满统一在这里被完全抛弃了，"它一开始就把现象界的世俗性特点，按照它本来的样子用来作为理想中的一个因素，使人的心灵满足于外在世界的平凡的和偶然的事物而并不要求美"。[3]

从上面我们看到，浪漫型艺术经过这样的三段式辩证演进，就要走向终点。精神经过否定之否定，重新回到肯定，"这种心灵从无限悠远的境界出发，要使它原来抛弃掉的现实世界成为一种肯定性的此岸，要在它的现实存在中发现自己和行使意志，这种情况本来是个**开始**，而

---

[1] ［德］黑格尔：《美学》（第二卷），1996年版，第339页。
[2] 同上，第339—340页。
[3] 同上，第340页。

在浪漫型艺术的发展中却形成了**终结**（Schluß），而且也是人向自己内心世界深刻化和精微化所达到的**最后阶段**（das Letzte）"[1]。这里"终结"（Schluß），指的是结尾，即浪漫型艺术最后阶段的末端，但是，它同样不是在"死亡"意义上说的（丝毫不具有"死亡"的含义），而是指它将要逝去，逐渐成为"过去"。此时，它在艺术上、审美上出现了前所未有的新特点，开始孕育着一个新的艺术阶段、一种新的艺术形态。

综上所述，黑格尔以大量艺术史材料为支撑，通过对浪漫型艺术三个阶段的辩证发展、演进进程的系统梳理、勾勒和描述，进而归纳、揭示出浪漫型艺术的根本特性是内在主体性、精神性。他说，"浪漫型艺术的一个基本定性就在于精神性，或反省本身的心灵，形成了一个独立自足的整体"，它并不渗透到外在现实中去，而是和"纯然外在的东西"割裂开来；在浪漫型艺术中，由于"这种绝对的内在主体性在它的实际存在中既然表现为人，而人和整个世界又是联系在一起的，所以无论在精神主体方面还是在精神所紧密联系到的外在事物或材料方面，都是极其丰富多彩的"[2]。

在此，黑格尔实际上已初步揭示出，浪漫型艺术所包含的内在矛盾（即内在主体性与外部世界的环境、材料相割裂），乃是它走向解体根本原因。对此，他还做过更详细的论述："浪漫型艺术一开始就碰上一个矛盾：那就是本身无限的主体性在它的独立状态中无法与外在材料结合起来，这两方面是必然要分离的。这两方面的独立和对立以及心灵沉浸于内在世界的情况就形成了浪漫型艺术的内容。刚一结合，这两方面总是又回到互相分裂，直到最后彼此完全脱节，因而显出它们要在艺术以外的领域里才能找到全的结合。由于脱节，这两方面对艺术的关系就只是形式上的，因为它们不能形成古典理想曾使它们形成的那种统一整

1　[德]黑格尔：《美学》（第二卷），1996年版，第341页。
2　同上，第278—279页。

体。"[1]这种内在世界与外部世界的分裂、脱节,不但远离了古典型艺术所达到的的统一整体,而且直接导致浪漫型艺术本身的解体,"浪漫型艺术的发展和终结(**Fortgang und Schluß**)……是艺术题材本身的**内部瓦解**(innere Auflösung),题材中的组成因素互相脱节,各部分变成独立自由了"[2],这种"内部瓦解",具体来说,就是创作主体与外部客观现实相互独立、分裂,"这种矛盾对立随着浪漫型艺术的发展过程发展到这样一个地步:它的唯一兴趣或是集中在偶然的外在事物上,或是集中在同样偶然的主体性上"[3]。造成"艺术从此一方面只描绘单纯的平凡的现实,按照事物本来的**偶然个别性相**(zufällige Einzelheit)和特殊细节把它们描绘出来,它的兴趣只在于凭艺术的熟练技巧,把这种客观存在转化为幻象;另一方面转到相反的方向,即转到完全**主观偶然性**(subjektive Zufälligkeit)的掌握方式和表现方式,……通过巧智和主观幻想游戏去对一切现实事物加以歪曲颠倒,最后就走到艺术创作的创造力高于一切内容和形式的局面"[4]。就是说,创作主体(主观)和外在现实(客观)两方面都转向偶然性:客体方面的偶然性表现在"外在的环境,情境和事态纠纷的形状现在已变成独立自由,因而可以有种种任意的偶然的奇遇";主体方面的偶然性则体现为艺术家的"主要活动就是凭主体的偶然幻想,闪电似的念头,突现的灵机以及惊人的掌握方式,去打碎和打乱一切化成对象的获得固定的现实界形象或是在外在世界中显现出来的东西","艺术表现就变成一种任意处理事物(材料)的游戏","这也是作者用来暴露对象也暴露自己"的"一种主观表现方式、见解,和态度"。[5]黑格尔由此得出结论,"正是这种题材的偶然性造成了……浪漫型

---

[1] [德]黑格尔:《美学》(第二卷),1996年版,第341页。
[2] 同上。
[3] 同上,第382页。
[4] 同上,第342页。
[5] 同上,第372—373页。

艺术的解体"[1]。

应该说，黑格尔对浪漫型艺术"解体"根源的上述理论剖析是十分精辟、深刻的，而且也与艺术史的历史实际基本吻合。问题是，浪漫型艺术"解体"，是不是意味着整个艺术的"解体"或者"终结"？这是我们要讨论的第三点。这一点又包含两个层面的问题。

首先，浪漫型艺术既然已经突破古典型艺术的（主体）精神与感性形式和谐统一这一作为艺术普遍本质和理想的标准，它本身究竟还算不算、是不是艺术，就成了问题。因为"古典型艺术是理想的符合本质的表现"[2]，它"以这种最足以见出内在本质的生活为它的目的"[3]，而且，"一直到现在，我们的研究对象都是艺术，而艺术的基础就是意义与形象的统一，也包括艺术家的主体性和他的内容意义与作品的统一。正是这种具体的统一才可以向内容及其表现形式提供实体性的、贯串到**一切**作品中去的**标准**"[4]。换言之，只有理念内容与感性形象"达到完满统一才构成真正艺术**概念**"，构成艺术之为艺术的**本质**和"**概念**"，也即构成真正艺术的**标准、标识**。然而，在浪漫型艺术中，"那两个方面既已分裂了，结果**艺术本身**也就遭到了分裂和瓦解"[5]。按照古典型艺术为艺术的标准，那么，浪漫型艺术瓦解了这一标准，必然的逻辑推论就是，同时也导致了艺术本身的瓦解；进一步说，浪漫型艺术本身也应该被划出艺术殿堂。但是，实际上，黑格尔还是始终把浪漫型艺术作为艺术的一个类型、艺术发展的一个阶段来看待的。他说，"浪漫型艺术虽然还属于艺术的领域，还保留艺术的形式，却是艺术超越了艺术本身"[6]。这句话包

1　[德]黑格尔：《美学》（第二卷），1996年版，第366页。
2　同上，第274页。
3　同上，第286页。
4　同上，第374—375页。
5　同上，第342页。
6　Hegel, Vorlesungen über die Ästhetik I, TWA. Bd. 13, S. 113. 中译见[德]黑格尔：《美学》（第一卷），第101页。

含着内在矛盾：一方面确认了浪漫型艺术在性质上"超越了艺术本身"，即超出了艺术范围，不再属于真正的艺术了；另一方面，又留有余地，认为浪漫型艺术因为"还保留艺术的形式"，所以可以承认它"还属于艺术的领域"。我认为，黑格尔这里实际上把以古典型艺术作为全部艺术的本质和标准的规定放宽了，看到并承认浪漫型艺术虽然对古典型艺术的规范和标准有所突破，却仍然保持了艺术不同于宗教、哲学和其他意识形态的基本特征。我们可以从以下三点来考察黑格尔如何对浪漫型艺术做艺术性、审美性方面的阐述的。

（一）为浪漫型艺术仍然是艺术做辩护。当时有人对于浪漫型艺术家不惜牺牲古典型艺术内心世界与外在世界和谐统一的标准，或者忠实地描写充满偶然性的现实生活，或者把自己的内心情感投注到描写对象中去这种创作方式极为不满，指斥其作品"不配"称为艺术作品。针对这种观点，黑格尔竭力从艺术创作主体的创造性角度为浪漫型艺术辩护。他说，"但是艺术另外还有一个因素，在这里特别具根本的重要性，那就是主体方面构思和创作艺术作品的活动，也就是个人才能的因素，凭这种个人才能，艺术家可以忠实地描绘尽管处在极端偶然状态而本身却具有实体性的自然生活和精神面貌，通过这种真实以及奇妙的表现本领，使本身无意义的东西显得有意义。此外还要加上艺术家的精神和心情完全沉浸到这类对象内在和外在的形象里去，和它们享受共同的生活的那种主体方面的活跃的同情，而且把这种灌注生气于所写对象的情况表现出。如果做到这一点，就不能拒绝称这类作品为艺术作品"[1]。无疑，这个辩护是十分有力的，但主要是从浪漫型艺术的主体性原则出发的，而不是维护古典型艺术理想和标准。

（二）为浪漫型艺术确立不同于古典型艺术的新的美学原则和创作

---

[1] ［德］黑格尔：《美学》（第二卷），1996年版，第367页。

任务。他说，浪漫型"艺术的任务首先就见于凭精微的**敏感**，从既**特殊**而又符合显现外貌的**普遍规律**的那种具体生动的现实世界里，窥探到它实际存在中的一瞬间的变幻莫测的一些特色，并且**很忠实地把这种最流转无常的东西凝定成为持久的东西**"。就是说，浪漫型艺术家的任务是把千变万化的现实生活中富有特色的、体现特殊与普遍相结合的东西用形象凝定下来，"这个浪漫阶段的艺术却只凝定住和表现出自然变化中流转不息的外在面貌"，"**这是艺术对流转消逝情况的胜利**"。[1] 艺术的这种"胜利"古典型艺术不具备，只有浪漫型艺术独具。这不但为浪漫型艺术之为艺术找到了新的根据，而且实际上也大大拓展了艺术的范围。

（三）用音乐的和抒情的来概括浪漫型艺术的审美特征，与他曾经将古典型艺术的审美特征概括为造型的、雕塑的遥相呼应。黑格尔用带有诗意的语言说道："如果我们用一句话来总结浪漫型艺术中内容与形式之间这种联系的特点，我们就可以这样说：因为浪漫型艺术的原则在于不断扩大的普遍性和经常活动在心灵深处的东西，它的基调是音乐的，结合到一定的观念内容时，则是抒情的。抒情仿佛是浪漫型艺术的基本特征，它的这种调质也影响到史诗和戏剧，甚至于像一阵由心灵吹来的气息也围绕造型艺术作品（雕刻）荡漾着，因为在造型艺术作品里，精神和心灵要通过其中每一形象向精神和心灵说话。"[2] 这就进一步从审美性角度把浪漫型艺术确实是艺术这一点坐实了。

以上几点清楚地说明，黑格尔虽然始终坚持艺术的古典型理想的标准，但是在对三种艺术历史类型演进进行辩证论述时，仍然承认了浪漫型艺术不但是艺术，而且给它注入了新的审美特质，肯定了浪漫型艺术突破古典型艺术旧框框的新发展、新成就、新建树，甚至给它戴上"更高的美"的桂冠。这是他个人的审美理想和趣味最终服从于艺术发展的

---

1 ［德］黑格尔：《美学》（第二卷），1996年版，第370页。
2 同上，第287页。

历史逻辑的又一突出表现。

其次，浪漫型艺术作为三个艺术历史类型和阶段的最后一个，它的"解体"或"终结"是不是同时成为整个艺术的"解体"或"终结"？国内外许多学者引用了以下两段话来肯定和论证黑格尔有所谓"艺术终结"论：

> 浪漫型艺术就到了它的发展的**终点**（Endpunkt），外在方面和内在方面一般都变成偶然的，而这两面又是彼此割裂的。由于这种情况，艺术就扬弃（否定，aufhebt）了它自己，就显示出意识有必要找比艺术更高的形式去掌握真实。[1]

> 后于艺术（Nach der Kunst）的阶段就在于心灵感到一种需要，要把它自己的内心生活看作体现真实的真正形式，只有在这些形式里才找到满足。[2]

对此，笔者有不同看法。前一段引文是在总论浪漫型艺术的最后一部分"题材的划分"中，简述了三种题材（见前文介绍）后，从古典型艺术界定艺术的标准出发，判定浪漫型艺术由于否定了这个标准而导致对整个艺术的否定，也就是要寻找"比艺术更高的形式去掌握真实"、掌握绝对精神，这个形式就是宗教。显然，黑格尔这里是从艺术→宗教→哲学三段式的辩证运动的逻辑进程（次序）角度去谈论浪漫型艺术的解体乃是其扬弃自身（也扬弃整个艺术），而在逻辑上向宗教靠拢、过渡、转化的，绝没有丝毫宣称浪漫型艺术乃至整个艺术在历史实际层面"终结"、"死亡"的意味。后一段引文同样是从艺术向宗教转化的逻辑

---

1 Hegel, Vorlesungen über die Ästhetik II, TWA. Bd. 14, S. 142. 中译见［德］黑格尔：《美学》（第二卷），1996 年版，第 287—288 页。

2 ［德］黑格尔：《美学》（第一卷），第 131 页。

进展角度说的，黑格尔先指出，艺术"有比它**较后**的一个阶段，这就是说，也有超过以艺术方式去了解和表现绝对的一个阶段"，即宗教阶段。这两段引文论证了艺术由于存在感性形式的局限，而在逻辑上必然向超越感性、向认识绝对精神更高的心灵形式——宗教——过渡。所以，浪漫型艺术作为艺术一种历史类型和阶段可以"解体"或"终结"，也就是在逻辑上成为过去，不再欣欣向荣，但绝不是在历史现实中真正"衰亡"、"死亡"。

尤其需要注意的是，前一段引文虽然由浪漫型艺术引出对一般艺术的否定，但是，它实际上仍然运用了古典型艺术所界定的艺术本质和标准，并没有与浪漫型艺术加以区分，更没有涉及浪漫型艺术的一系列新特点，所以，黑格尔只是在一般的逻辑意义上谈到了浪漫型艺术的解体和对一般艺术超越自身的需求，不应该将这两者混淆起来，更不应该由浪漫型艺术的解体直接推出整个（所有）艺术的死亡、终结。因此，由这两段话来认定黑格尔持"艺术终结"论，恐怕有点名不副实（张冠李戴）吧。美国学者柯蒂斯·卡特（Curtis Carter）一针见血地指出："艺术终结论误解了浪漫艺术中主观和感官因素的消解，并把浪漫艺术中的变化与所有艺术的死亡混为一谈。"[1] 笔者深为赞同。

第四点，浪漫型艺术**之后**的艺术是自由艺术。对宣称黑格尔持所谓"艺术终结"论那种观点的最有力的反驳，是黑格尔发现、承认并充分肯定了浪漫型艺术三段式辩证运动完成**之后**所出现的一种新的艺术形态。

> 在**过去**（Gegenüber）时代，艺术家由于他所隶属的民族和时代，他所要表现实体性的内容势必局限在一定的世界观以及其内容和表现形式范围之内，现在我们发现到一种**与此相反的局**

---

[1] ［美］柯蒂斯·卡特：《黑格尔和丹托论艺术的终结》，杨彬彬译，《文学评论》2008 年第 5 期。

面（entgegen gesetzter Standpunkt），这种局面只有在**最近**（in der neuesten Zeit）才达到完满的发展，才获得它的重要性。在**我们这个时代**（unser Tagen）里各民族都获得了思考和批判的教养，而在我们德国人中间，连艺术家们也受到**自由思想**（Freiheit des Gedankens）的影响，这就使得这些艺术家们在创作时发现材料（内容）和形式都变成"一张白纸"（tabula rasa），特别是在**浪漫型艺术**所必有的各阶段都已走完了**之后**（nachdem auch die notwendigen besonderen Stadien der romantischen Kunstform durchlaufen sind）。限制在一种特殊的内容和一种适合于这内容的表现方式上面的做法对于今天的艺术家们是已经**过去**（etwas Vergangenes）的事了，艺术因此变成一种**自由的工具**（freies Instrument）了，不管是哪一种内容，艺术都一样可以按照创作主体方面的技能娴熟的程度来处理。这样，艺术家就可以超然站在一些既定的受到崇敬的形式和表现方式之上，**自由独立**（bewegt sich frei für sich）地行动，不受过去意识所奉为神圣永恒的那些内容意蕴和观照方式的约束。任何内容，任何形式都是一样，都能用来表达艺术家的内心生活，自然本性，和不自觉的实体性的本质；艺术家对于任何一种内容都不分彼此，只要它不违反一般美和艺术处理的形式方面的规律。[1]

这段话极为重要，它以明白无误的语言肯定了"浪漫型艺术所必有的各阶段都已走完了**之后**"，亦即前述宗教范围的浪漫型艺术、中世纪的"骑士风"艺术、人物性格形式上独立性的浪漫型艺术三个阶段都"走完了""之后"，艺术并没有"终结"，不但没有"终结"，而且还出现了一个前所未有的艺术发展的新时代、新阶段、新形态。

---

1 ［德］黑格尔：《美学》（第二卷），1996年版，第377—378页。

下面从几个方面加以阐述：

（一）这个新时代就是"最近"的、黑格尔生活于其中的当下时代或者"现时代"。值得注意的是，他把他那个"现时代"与**过去**时代"、"现时代"的艺术与"过去时代"的艺术做了明确的区分。所谓"过去时代"的艺术，实际上不但包括了象征型、古典型、浪漫型三种历史类型和阶段在内的全部艺术史，当然也包括了第三种历史类型即浪漫型艺术三个发展阶段的艺术。所谓"走完了"浪漫型艺术的各个阶段，实际上把浪漫型艺术历史类型也归入"过去时代"的艺术范围，而排除在"现时代"艺术之外。换言之，到他那个现时代，连浪漫型艺术也"走完了"，成为"过去"了；进入到"现时代"的应该是另外一种新的艺术形态。他甚至把过去与当下两个时代的艺术所表现的内容和形式用"相反的局面"来概括，用语颇为尖锐；而且肯定这种相反的新局面"过去"很长时间从未得到充分发展，只是"最近"才得到"完满发展"并"获得它的重要性"。

（二）形成这种新局面的根本原因在于时代环境发生了重大变化："过去时代"，艺术家"所要表现实体性的内容势必局限在一定的世界观以及其内容和表现形式范围之内"；而到了当代晚近的浪漫型"艺术把它的概念中所含的基本的世界观以及属于这种世界观的内容范围却已从四面八方表现得很清楚了，那么，对于某一民族和某一时代来说，艺术就已摆脱了这种确定的内容意蕴了"[1]。这是从社会精神文化氛围的高度来分析艺术家所处时代的变化，体现了黑格尔思想的敏锐和历史视野的宏阔。

（三）而这种时代变化也给艺术家的思想和创作带来了深刻变化，集中体现在两个层面：一是现时代各民族，特别是德国人包括艺术家"都获得了思考和批判的教养"，理性思维和修养大为提升；同时"自由

---

[1] ［德］黑格尔：《美学》（第二卷），1996年版，第377页。

思想"的追求也大为活跃。这为当代（现时代）艺术提供了新的主体条件。二是艺术"表现方式"发生了新变，艺术家创作的主体地位获得了前所未有的重要性。浪漫型艺术本身就以主体性为基本原则，到了"现时代"，这种主体性上升到新的高度，艺术家获得了不受过去种种艺术表现方式限制的创作自由，艺术因而成为"**自由的工具**"。

（四）当代（现时代）艺术家的自由集中表现在"不受过去意识所奉为神圣永恒的那些内容意蕴和观照方式的约束"，即在内容和形式两方面都摆脱了过去以古典型艺术为代表的追求和谐统一的各种规则的束缚。内容上，只要能表现艺术家内心生活的，任何内容不分高低都可自由采用；形式上，完全可以突破、超越过去受到崇敬的古典型艺术的表现方式，"**自由独立**地行动"和创新。他指出，艺术家，特别是"现代的大艺术家"要表现"他的伟大的自由的心灵"，"要有精神的自由发展，才能不受只用某些既定的观照方式和表现方式的迷信和成见之类因素所束缚，而是把它们降低到自由心灵所能驾御的因素，不把它们看作创作或表现的绝对神圣化的条件，而是把它们看作只是为服务于较高内容的手段才有价值。他要按照内容的需要把这些因素加以改造之后才放到作品里去"。[1] 我认为，这就是黑格尔所已经看到并明确肯定的浪漫型艺术**之后**的新的艺术阶段和类型。根据其核心特征，称之为"自由艺术"应该比较妥当。苏联著名美学家奥夫相尼科夫（М. Ф. Овсянников）认为，这就是"从浪漫型艺术解体而产生的所谓自由的艺术"[2]，实际上为这种当代艺术命了名。德国黑格尔研究专家费维克在《浪漫型艺术作为自由艺术的开端》中也有类似观点。[3]

---

1 ［德］黑格尔：《美学》（第二卷），1996年版，第379页。
2 ［苏］奥夫相尼科夫：《美学思想史》，吴安迪译，西安：陕西人民出版社，1986年，第357页。
3 Klaus Vieweg, Die romantische Kunst als Anfang freier Kunst—Hegel über das Ende der Kunst und das Ende der Geschichte. In Das Ende der Kunst als Anfang freier Kunst, Hrsg. von K. Vieweg/F. Iannelli, F. Vercellone, München: Fink, 2015, S. 15-31.

（五）当然，这种"自由艺术"的自由是有"度"的，它必须"不违反一般美和艺术处理的形式方面的规律"。可见，黑格尔在强调"现时代"艺术创作具有高度自由时，仍然承认和维护美和艺术创作在形式方面有一般规律，仍然强调要遵守古今通用的艺术创作的一般规律，强调这种高度自由还是要受一般规律约束的，不是天马行空的任性妄为。这表明，黑格尔内心中实际上还是承认、认可存在着超越时空、贯穿古今的，美学上适合于一切时代、一切类型、一切体裁的艺术的"形式方面的规律"，即使与"过去时代"大不同的"现时代"艺术也同样必须遵守，没有例外。

（六）黑格尔对当代艺术发展为"自由艺术"的这种新态势，不仅给予认可，而且难能可贵地认为它体现了历史的进步和必然性。他旗帜鲜明地指出，我们不应把艺术上的这种改变和发展看作是"一种纯粹偶然的不幸事件"，而认为自由的艺术"其实是艺术本身的活动和进步，艺术既然要把它本身所固有的材料化为对象以供感性观照，它在前进道路中的每一步都有助于使它自己从所表现的内容中解放出来"[1]。不但艺术内容"解放"了，艺术形式亦然。他说，"艺术家的才能既然从过去某一既定的艺术形式的局限中解放出来而独立自由了，他就可以使任何形式和材料都听他随心所欲地指使和调度了"[2]。显然，黑格尔认为浪漫型艺术的终结和自由艺术的勃兴并非偶然的，而是有其历史必然性的，因而是历史的进步。这种进步，集中体现于自由艺术在用感性形式表现特定内容的历史过程中，不断趋向于超越既定内容和形式的束缚而"解放出来"，获得越来越多的心灵自由。黑格尔在此充分揭示和肯定了这种历史进步的必然性。

综上所述，我们完全可以判定，黑格尔清楚地表明他认为在浪漫型

---

[1] ［德］黑格尔：《美学》（第二卷），1996年版，第377页。
[2] 同上，第379页。

艺术走完**之后**，在他所生活于其中的"**现时代**"出现了一种与过去不同的新的艺术阶段和类型——自由艺术，他是以一种向前看的态度乐观地告别"过去时代"，迎接"现时代"新的自由艺术的到来。

不过，我们应该注意到，黑格尔并没有在自由艺术与末期浪漫型艺术之间划出清晰的界限。他在许多地方是以一种模糊的描述来书写浪漫型艺术向自由艺术的过渡或转型。这与他那个时代一些大作家、艺术家如歌德、席勒等的创作成就是跨越时代的密切相关，人们很难区分他们的作品到底属于浪漫型还是自由的艺术。其实，黑格尔似乎有意"混淆"两者的界限。比如他说，"到此我们已达到浪漫型艺术的**终点**，亦即**最近时代**艺术的立足点，它的**特征在于艺术家的主体性统治着他的材料和创作**，而不受内容和形式在范围上都已确定的那些现成条件的统治，这就说，艺术家对内容和表现方式都完全有权力去任意选择和处理"[1]。这里"浪漫型艺术的**终点**"与"**最近时代**"即"**现时代**"几乎重叠，而其主体性高扬的创作特征也是二者都具有的。可见，那个时期，是新旧时代、传统与当代艺术处在历史性转换的过程中。要明确为它们划清界限是既不可能也不必要的。

重要的是，黑格尔还对浪漫型艺术最后阶段艺术表现内容的新变做了极为深刻的透视，实际上也概括出自由艺术应该表现普遍人性的新要求、新特征。他说：

（浪漫型艺术）最后出现了幽默，它消除了人物性格与某一特殊的有局限性的内容的联系，它能使一切定性都变成摇摆不定，乃至于把它消灭掉，从而使**艺术越出了它自己的界限**（ließ die Kunst dadurch über sich selbst hinausgehen）。艺术在越出自己的界限之

---

[1] ［德］黑格尔：《美学》（第二卷），1996年版，第374页。

中，同时也显出**人回到他自己**（ein Zurückgehen des Menschen in sich selbst），深入到他自己的心胸，从而摆脱了某一种既定内容和掌握方式的范围的严格局限，**使人成为它的新神**（neuen Heiligen den Humanus macht），所谓"人"是人类心灵的深刻高尚的品质（die Hefen und Höhen des menschlichen Gemüts als solchen），在欢乐和哀伤、希求、行动和命运中所见出的**普遍人性**（das Allgemeinmenschliche）。……因为艺术现在所要表现的不再是在它的某一发展阶段中被认为绝对的东西，而是一切可以使一般人都感到亲切的东西。[1]

这里且不谈幽默，只是要指出，黑格尔强调，浪漫型艺术末期，艺术要越出过去以古典型艺术为标准的自己的界限，即越出以"神"为中心的界限，而回到人自身，回到表现普遍人性，回到"使一般人都感到亲切的东西"。这也正是自由艺术应该追求的目标。这里实际上为自由艺术规定了新的时代内容和应该表现的主题，在某种意义上给自由艺术定了性。

最后，我想要对下面这段常常被认定黑格尔持"艺术终结"论的学者引用的话做一个相反的阐释：

> 首先就要提出一个要求：处理材料的方式一般也要显示出当代精神现状……不管是荷马和梭福克勒斯之类诗人，都已不可能出现在我们的时代里了，从前唱得那么美妙的和说得那么自由自在的东西都已唱过说过了。这些材料以及观照和理解这些材料的方式都已过时了。只有现在才是新鲜的，其余的都已陈腐，并且日趋陈腐。我们在这里应该从历史和美学的观点对法国人提出一点批评，……

---

[1] ［德］黑格尔：《美学》（第二卷），1996年版，第380—381页。

一切材料，不管是从哪个民族和哪个时代来的，只有在成为活的现实中的组成部分，能深入人心，能使我们感觉到和认识到真理时，才有艺术的真实性。正是不朽的人性在它的多方面意义和无限转变中的显现和起作用，正是这种人类情境和情感的宝藏，才可以形成我们今天艺术的绝对的内容意蕴。[1]

人们往往从上面说"过去时代"的伟大作家、作品都"过时"了、"陈腐"了云云，推出黑格尔真的认为艺术要"终结"了。其实大谬而不然。这里，黑格尔真正关注的是当代自由艺术应该如何创作出具有时代精神的优秀作品，他强调的，一是艺术家应该以"当代精神"来处理所要表现的对象、材料，因为"只有现在才是新鲜的"，也只有"现时代"精神才是新鲜的，只有用当代精神去观照、理解一切（包括历史的他民族）被表现的材料，才能创造出具有时代精神新意的作品来；二是艺术家要把一切过去的材料融化到当代活生生的现实生活中，"成为活的现实中的组成部分"，而不应该游离于当代现实生活，沉迷在"过去时代"历史的材料中；三是重申当代艺术应该以表现"不朽的人性"主题为己任，发掘"人类情境和情感的宝藏"，以形成当代（现时代）艺术"绝对的内容意蕴"。由此可见，这里不但没有一丝一毫"艺术终结"的痕迹，相反，他放眼未来，对当代自由艺术做出了一系列新的概括和展望。因此，说黑格尔持"艺术终结"论是没有根据的。

（写于 2019 年 9—11 月，
发表于《当代文坛》2020 年第 1、2 期）

---

[1] ［德］黑格尔：《美学》（第二卷），1996 年版，第 381 页。

阐释学视域下黑格尔"艺术终结"论的再审视

一、问题的提出

自 1984 年美国著名美学家阿瑟·丹托发表了《艺术的终结》("The End of Art")[1] 以来，西方学界围绕艺术"终结"问题展开了十多年的讨论。我国学界自 20 世纪 90 年代末延伸至当今，同样对所谓黑格尔的"艺术终结"论展开了长达二十多年的讨论，至今仍在继续。吴子林先生发表于 2009 年的《"艺术终结论"：问题与方法》[2] 对此前国内的相关讨论及所发表的重要论文做了当时最为全面的引用、概括和叙述；他主编的《艺术终结论》一书[3] 收录了此前发表的关于艺术和文学"终结"论讨论的十多篇重要文章。当然，此后十年又有一大批重要论文发表，讨论在逐渐深入。

不过，我们发现，上述绝大多数论文虽然具体观点各不相同，有的

---

[1] 需要说明的是，丹托在 1984 年发表了《艺术的终结》("The End of Art") 一文，该文后被收入到丹托出版的专著《哲学对艺术的剥夺》(The Philosophical Disenfranchisement of Art) 之中，本书共收录了九篇论文，其中"艺术的终结"是该书的第五章。中译本题为《艺术的终结》([美] 阿瑟·丹托：《艺术的终结》，欧阳英译，南京：江苏人民出版社，2005 年)，这实际上是用了该书第五章的标题名，特此说明。

[2] 吴子林：《"艺术终结论"：问题与方法》，《北方论丛》2009 年第 1 期。

[3] 参见吴子林选编：《艺术终结论》，北京：中国社会科学出版社，2011 年。

甚至对立，但是，有一点是相同的，他们都自觉不自觉地认同或默认了"艺术终结"论是黑格尔首先提出的，并作为不言自明的前提来看待。如吴子林就断定，"人们普遍的看法是，'艺术终结论'的始作俑者是黑格尔"[1]。比吴子林更早的是刘悦笛先生，他在 2006 年出版的《艺术终结之后：艺术绵延的美学之思》中，明确指出，"在历史上提出'艺术终结'的第一人"是"那位德国古典哲学巨擘黑格尔"，他还进一步说，"大概在最后一次柏林大学授课的前一年，也就是 1828 年，黑格尔为艺术首度签发了'终结判决书'"。不过他正确地指出，黑格尔的"终结"概念没有用"End"，而是用了"der Ausgang"，并对两个词的含义做了区分。[2]

然而，我想提出一个与众不同的质疑：黑格尔真的是"艺术终结"论的始作俑者吗？再进一步问：黑格尔本人到底有没有提出过"艺术终结"论？说黑格尔首先提出"艺术终结"论到底有没有确切、可靠的文本根据、文献学依据？据我所知，迄今为止，无论国内外学界（包括丹托在内），绝大多数人都没有正面思考、细致谈论过这个问题，而匆忙地把黑格尔首先提出"艺术终结"论作为一个已经"铁定的"、无须证明的历史事实作为展开种种解释、论证的前提。而在我看来，这个似乎不证自明的前提是大成问题的。因为我们一定要搞清楚黑格尔本人关于此问题的真实思想、观点和理论表述，也就是说，一定要弄清楚作为作者的黑格尔本人相关论述的本来意义和原初意图。

这就涉及阐释学理论的一个重大问题：在特定条件下，我们对某个历史文本的阐释，需要不需要对作者原意给予一定的尊重和关注？在可能条件下，对作者原意的追寻和发现有没有合理性、合法性和可能性？

---

[1] 吴子林：《文学蓍论》，合肥：黄山书社，2019 年，第 263 页。而在 2009 年发表的《"艺术终结论"：问题与方法》一文中，他只是说，"**一般**认为，'艺术终结论'的始作俑者是黑格尔"，语气没有现在那么坚决、肯定。

[2] 刘悦笛：《艺术终结之后：艺术绵延的美学之思》，南京：南京出版社，2006 年，第 23—24 页。

众所周知，以海德格尔、伽达默尔为开创者的现代本体论阐释学总体上是忽视阐释时对作者原意的追寻和发掘的，或至少并不以对作者原意的探寻为旨归。他们强调阐释者对历史文本进行解释活动时历史性赋予的合法的"前见"（或"前有"、"先行具有"、"先行视见"、"先行掌握"等）决定着整个解释的过程及有效性，而无须追溯、考察文本作者的原初意图或意义。比如，海德格尔认为，"此在作为这样的（实际生命）被置于先有之中，现象的解释学描述的开端和实现方式的命运取决于先有的本源性和真实性"[1]。据此，他强调，"解释一向已经断然地或有所保留地决定好了对某种概念方式（Begrifflichkeit）表示赞同。解释奠基于一种先行掌握（Vor-griff）之中"，"把某某东西作为某某东西加以解释，这在本质上是通过先行具有、先行视见与先行掌握来起作用的。解释从来不是对先行给定的东西所做的无前提的把握"[2]。这实际上完全不考虑所解释对象（文本）作者的本来意义和原初意图。当然，他也反对解释者完全脱离解释对象的任意解释，对"先行具有"、"先行视见"等做了一定的限制，他指出，"解释领会到它的首要的、不断的和最终的任务始终是不让向来就有的先行具有、先行视见与先行掌握以偶发奇想和流俗之见的方式出现，它的任务始终是从事情本身出发来清理先行具有、先行视见与先行掌握，从而保障课题的科学性"[3]。需要说明的是，这里"从事情本身出发"，只是指从所要解释领会的对象（文本）出发，使"先行具有"、"先行视见"等与文本接触、碰撞，将它纳入自身之中，而不是追寻文本作者的原意。他说，"解释向来奠基在先行视见（Vorsicht）之中，它瞄着某种可解释状态，拿在先行具有中摄

---

1 ［德］海德格尔：《存在论：实际性的解释学》，何卫平译，北京：人民出版社，2009年，第82页。
2 ［德］海德格尔：《存在与时间》，陈嘉映、王庆节译，北京：生活·读书·新知三联书店，1999年，第176页。
3 同上，第177页。

取到的东西'开刀'。被领会的东西保持在先行具有中,并且'先见地'(vorsichtig,按:通常译作'谨慎地')被瞄准了,它通过解释上升为概念"[1]。就是说,所要解释领会的对象(文本)即"被领会的东西",是"先行具有"中"摄取到的东西",决定解释有效意义的还是吸纳、保持了"被领会的东西"(所要解释的文本)的"先行具有"而已。

再如伽达默尔,在这方面表述得更加明确、清晰。他首先肯定了海德格尔关于"前见"对解释活动具有决定性作用的观点,即"对文本的理解永远都是被前理解(Vorverständnis)的先把握活动所规定"[2]。其次,他完整地阐释了海德格尔的前述见解,指出,"理解的经常任务就是作出正确的符合于事物的筹划,这种筹划作为筹划就是预期(Vorwegnahmen),而预期应当是'由事情本身'才得到证明",并明确地说,"下面这种说法是完全正确的,即解释者无需丢弃他内心已有的前见解而直接地接触文本,而是只要明确地考察他内心所有的前见解的正当性,也就是说,考察其根源和有效性"[3]。他还说,"理解借以开始的最先东西乃是某物能与我们进行攀谈(anspricht),这是一切诠释学条件里的最首要的条件"[4]。这里"攀谈"显然就是接触(Begegnung)、对话和谈话(ein In-das-Gesprachkommen),所以伽达默尔明确"把诠释学任务描述为与文本进行的一种谈话(ein In-das-Gesprachkommen mit dem Text)"[5],指出,"只有通过两个谈话者之中的一个谈话者即解释者,诠释学谈话中的另一个参加者即文本才能说话。只有通过解释者,文本的文字符号才能转变成意义。也只有通过这样重新转入理解的活动,文本

---

1 [德]海德格尔:《存在与时间》,第175—176页。
2 [德]伽达默尔:《诠释学I:真理与方法》,洪汉鼎译,北京:商务印书馆,2007年,第399页。
3 同上,第364—365页。
4 同上,第407页。
5 同上,第499页。

所说的内容才能表达出来"[1]。

比起海德格尔，伽达默尔更强调解释者在"前见"指引下解释过程中对意义的再创造，他说，"解释在某种特定的意义上就是再创造（Nachschaffen），但是这种再创造所根据的不是一个先行的创造行为，而是所创造的作品的形象（Figur），解释者按照他在其中所发现的意义使这形象达到表现"，此处，"先行的创造行为"，是指文本作者的创造行为，它不应成为解释者解读、再创造的依据，在伽氏那里，文本的意义主要不能到作者的创造活动、行为中去寻觅，而只有通过读者、解释者在其"前见"指引下的不断再创造，文本（作品）的形象及其意义才能逐步得到展示和表现。[2]这就把对文本意义的理解和阐释，主要归结为读者（解释者）再创造的意义了。相反，文本作者的原意则被搁置甚至排斥了。所以他说，"当某个文本对解释者产生兴趣时，该文本的真实意义并不依赖于作者及其最初的读者所表现的偶然性。至少这种意义不是完全从这里得到的。因为这种意义总是同时由解释者的历史处境所规定的，因而也是由整个客观的历史进程所规定的"[3]。在他看来，在解释活动中，作者及其最初的读者所表现的意义是"偶然"的，不可依赖的；而"解释者的历史处境所规定的"正是他的"前见"，这是更重要的，是决定性的。

由此可见，海德格尔、伽达默尔创建的现代本体论阐释学，在理论上对所给予的解释对象（文本）的意义解释，重点放在读者（解释者）在"前见"指引下，通过与文本的接触、攀谈所做的意义"生产"或"再创造"上，而轻视甚至漠视文本作者对意义创造的奠基性作用。在这个意义上，本体论阐释学某种程度上的确存在着"读者中心"论的倾向，虽然他们并不否定文本具有某种不依赖于读者的独立自在性。

1　[德]伽达默尔：《诠释学 I：真理与方法》，第 523 页。
2　同上，第 169 页。
3　同上，第 403 页。

现在回到我们前面提出的"黑格尔本人到底有没有提出过'艺术终结'论"的问题。按照本体论阐释学的思维逻辑，这个问题是没有意义的，也是不可能回答的。因为两百年来所有的相关阐释，构成了对所谓黑格尔"艺术终结"论的无穷无尽的意义解释的长链，而这，跟黑格尔有没有提出过这个问题无关，无须也无法寻求到真实的结果。

事实难道真的是这样吗？我觉得有必要重新审视一下前现代的方法论阐释学重视作者原意的观点。比如施莱尔马赫（F. D. E. Schleiermacher）就把解释的目的归结为对文本及其作者原初意义的寻求和重建，强调应该避免误解作者原意，避免"在解释中加进了和混入了作者并没有的东西"[1]。对此，伽达默尔提出了批评，认为施莱尔马赫"完全关注于在理解中重建（wiederherstellen）一部作品原本的规定"，"他的整个诠释学就是暗暗地以这种思想为前提"，目的就是"努力复制作者的原本创作过程"，以获取文本及其作者的原初意义。但是，伽达默尔完全否定了这种意义观，指出，"鉴于我们存在的历史性，对原来条件的重建乃是一项无效的工作。被重建的、从疏异化唤回的生命，并不是原来的生命"，"这样一种视理解对原本东西的重建的诠释学工作无非是对一种僵死的意义的传达"[2]。伽达默尔对施莱尔马赫的这个批评，就总体而言，是有道理的，因为解释过程确实难以完全回到作者制作（写作）文本时的原初状态（情景和心理等），特别是文艺作品作者运用形象思维，其原意更难寻觅或重建。但是，人文社科的作品有所不同，作者运用抽象思维、逻辑推演和清晰的概念表达，在相当长的历史时段里，如果作者使用的语言文字意义大致未变，那么读者寻求作者原意的努力，在一定程度上可以得到实现，至少是得到部分实现。就此而言，施莱尔马赫的方

---

[1] ［德］施莱尔马赫：《诠释学讲演》，载洪汉鼎主编：《理解与解释——诠释学经典文选》，北京：东方出版社，2001年，第60页。
[2] ［德］伽达默尔：《诠释学 I：真理与方法》，第233—234页。

法论阐释学探寻作者原意的思想，似乎还有部分的真理性，只要不把这一点强调为阐释学的最高或主要目的，沦为"作者中心"论即可。"作者中心"论已经被历史扬弃了，但绝不是一无是处、毫无价值了，只要我们尊重常识，尊重日常生活中大量普通的阐释实践，就不能不为作为解释对象的文本的作者留下一定的位置。

据此，我觉得，提出"黑格尔本人到底有没有提出过'艺术终结'论"的问题，在阐释学上是具有合法性和合理性的。

有意思的是，本体论阐释学的奠基者海德格尔、伽达默尔也在这个问题上发过声，而且有较多的论述。下面，本文将分别对他们二位的有关论述从阐释学角度做一个实证性的考察，以进一步阐明笔者的观点。

二、海德格尔"伟大艺术终结"论

让我们首先看看海德格尔是怎样阐释黑格尔的相关论述的。在《尼采》一书第一章第 13 节"美学史上的六个基本事实"中，海德格尔有两段文字集中谈论了这个问题。为防止断章取义，兹全文引录这两段话，先引第一段"第四个基本事实"：

> 四、在那个历史性的瞬间，亦即在美学获得其形成过程的最大可能的高度、广度和严格性之际，伟大的艺术趋于终结了（**ist die größe Kunst zu Ende**）。美学的完成有其伟大性，其伟大性就在于，它认识并且表达了伟大艺术本身的这种终结（**daß sie dieses Ende der großen Kunst als solches erkennt und ausspricht**）。西方传统中最后和最伟大的美学是黑格尔的美学。它记录在黑格尔的《美学讲稿》中，那是黑格尔于 1828 年至 1829 年间在柏林大学开设的最后一个讲座（参看黑格尔：《全集》，第十卷，第 1、2、3

册)。在这个讲稿中,我们可以读到如下句子:

"而就此而言,至少是不存在一种绝对需要了,即要由艺术来表现它(质料)的绝对需要。"(《全集》,第十卷,第2册,第233页)

"从所有这些关系看,并且就它的最高规定性方面来说,艺术对我们已经是过去的事了"。

"希腊艺术的美好日子以及晚期中世纪的黄金时代,已经一去不复返了。"(《全集》,第十卷,第1册,第15—16页)[1]

人们指责黑格尔,说从1830年以来,我们实际上可以举出许多了不起的艺术作品。但人们由此并不能驳倒黑格尔的上述句子以及隐藏在这些句子背后的一切历史和事件。黑格尔决不想否认这样一种可能性:今后也还会出现个别的艺术作品,也还有个别的艺术作品得到人们的赏识。这个事实,这个只还在某些民众阶层的艺术享受的领域里存在着个别艺术作品的事实,并不反对黑格尔的断言,而恰恰是赞成了黑格尔,它乃是一个证据,表明艺术已经失去了它的趋向绝对者的力量,失去了它的绝对力量。由此出发,十九世纪艺术的地位以及对艺术的认识方式便被规定下来了。我们可以在下面第五点上简单地指明这一点。[2]

---

1 [德]海德格尔:《尼采》(上),孙周兴译,北京:商务印书馆,2003年,第97—98页。参见该书译者孙周兴先生在第97—98页译者注①中指出:参见海德格尔《艺术作品的本源》(载《林中路》,《全集》第五卷,美茵法兰克福,1977年,第1—74页);并参见中译本,孙周兴译,上海:上海译文出版社,1997年。特别是在《林中路》第67页以下,海德格尔也讨论了黑格尔关于"艺术终结"的命题,并且引用了后者的三个句子,其中有两句是这里没有引用的,其一为:"对我们来说,艺术不再是真理由以使自己获得其实存的最高样式了"([德]黑格尔:《全集》,第十卷,第1册,第134页);其二为:"我们诚然可以希望艺术还将会蒸蒸日上,并使自身完善起来,但艺术形式已不再是精神的最高需要了"([德]黑格尔:《全集》,第十卷,第1册,第135页)。

2 Martin Heidegger, Nietzsche erster Band, Pfullingen: Neske, 1961, S. 100-101. 中译见[德]海德格尔:《尼采》(上),第91—92页。

这一段话中，海德格尔首次提出了"伟大的艺术趋于终结"这个重要命题，而且"终结"一词用了德文"Ende"，跟以后丹托等人用英文"end"表达艺术终结论是一样的。从我们现在掌握的资料看，黑格尔本人从来没有用"Ende"来表达作为总体的艺术的"终结"，但可以推断，是海德格尔（而不是黑格尔）提出了"艺术终结"论的命题，不过前面加了"伟大的艺术"作为限定，而不是笼统归为整个艺术，即作为总体的艺术。但是在此，海德格尔用这个命题不是表达自己的思想，而是梳理、归纳黑格尔的有关思想、论述，并由此概括出来的。换言之，是海德格尔把"伟大的艺术趋于终结"的命题加在黑格尔头上的，不是黑格尔自己提出来的。海氏做出这个概括的根据就是他这里所引黑格尔的三段话（孙周兴在译者注中所引的黑格尔两段话也可以作为这三段话的补充）。

在海德格尔看来，这几段话，黑格尔表达的主要是：（1）到他那个时代以后，艺术已经不再成为表现绝对（精神）的"绝对需要"了，不再是表现绝对真理的"最高样式"了；（2）就表现精神的"最高规定性"（绝对）而言，艺术曾经是一种适合的样式（形式），但是如今已经成为过去，不再适合于"精神的最高需要"了；（3）落实到具体的历史时代，适合表现"精神的最高需要"的伟大艺术的时代是"希腊艺术的美好日子以及晚期中世纪的黄金时代"，它"已经一去不复返了"。这也就是海氏用"伟大的艺术趋于终结"的命题来概括黑格尔上述思想的主要依据。

这里需要说明海氏做出如此概括的逻辑理路，即论述美学作为学科的形成及取得"支配地位"的进程，与"在艺术史范围内完成了另一个决定性的过程"乃是"相同步的"[1]。用海德格尔自己的话说就是，

---

1 ［德］海德格尔：《尼采》（上），第97页。

"我们只能原则性地把美学问题当作对艺术的沉思和关于艺术的认识的基本特性问题来探讨"[1]。同黑格尔一样,他也把美学研究的对象和范围确定为艺术。具体而言,他首先探讨了艺术作品的伟大性问题。在海德格尔看来,伟大艺术作品之所以伟大就是它使绝对者、真理显现自身,他说,"伟大的艺术及其作品在其历史性的出现和存在中之所以是伟大的,乃是因为它们在人类历史性此在范围内完成着一项决定性任务(entscheidende Aufgabe)","艺术和艺术作品必然仅仅作为人类的一条道路和一种逗留(Aufenthalt)而存在,在其中,存在者整体之真理,即无条件者(das Unbedingte)、绝对者(Absolute),向人类开启出自身(eröffnet)";又说,"伟大的艺术之所以是伟大,首先不仅仅在于被创作的东西的高品质。而不如说,伟大的艺术之所以是最伟大的,因为它是一种'绝对需要'(absolutes Bedürfnis)。由于伟大的艺术是这种'绝对需要',而且只要它是这种'绝对需要',它也就可能在等级上是伟大的"。[2]这里,海德格尔显然是用其现象学存在论思想来阐释黑格尔的绝对精神和真理学说的,而不是对黑格尔观点原意的转述;他进而也阐释了伟大艺术的伟大性根源于显现绝对真理的绝对需要。后面讲伟大艺术的终结,也就是讲伟大艺术一旦丧失了这种绝对需要,即丧失了其伟大性,就要走向终结。

接着,海德格尔独具慧眼地揭示出美学学科上升与伟大艺术下降的反向关系。他指出,当"美学的支配地位的形成"时,也就是"上述意义上的伟大艺术在现代意义上的沉沦(Verfall)"[3]。这种反向关系是在现时代(Neuzeit,即以笛卡尔哲学为开端的近代)形成的,其"现代意义"来自两个方面:一是伟大艺术的现代沉沦,"这种沉沦并非

---

[1] Heidegger, Nietzsche erster Band, S. 94. 中译见[德]海德格尔:《尼采》(上),第85页。
[2] Ibid., S. 100. 中译见同上,第90—91页。
[3] Ibid. 中译见同上,第91页。

由于'质量'的降低和风格的卑微化,而是由于艺术丧失了它的本质(Wesen),丧失了与其基本任务的直接关联(unmittelbaren Bezug)","艺术的基本任务就是要表现绝对者,也就是要以决定性的方式把绝对者本身置入历史性人类的领域之中"。[1] 这一点十分深刻,在现时代,艺术丧失了表现绝对者的本质和基本任务,因而必然走向沉沦,所以,海德格尔指的这种沉沦"并非直接来自艺术本身和对艺术的沉思,而毋宁说,它关涉到整个历史的一种变化。这就是近代(Neuzeit)的开端。人和人对自身以及他在存在者中间的位置的开放知识,现在成为决定点,决定着存在者如何被经验、如何被规定以及如何被赋形"[2],简言之,主体性,而非存在者的自行显现成为时代的崭新原则。

二是美学学科的形成、发展和成熟。海德格尔对美学有自己独特的理解,他认为,"美学乃是对人类感情状态及其与美的关系的考察"[3],"美学就是那种对艺术的沉思,在其中,人类与在艺术中表现出来的美的情感关系,成了一切规定和论证的决定性领域"[4]。他把美学的发端与最体现艺术本质的古希腊艺术的繁荣联系起来考察,他说,"在希腊人那里,惟当他们伟大的艺术以及与之同步的伟大的哲学走向终结(Ende)之际,才有美学的发端"[5]。美学"发端",意味着古希腊人是从一种美学态度出发来对待艺术的,他们"在艺术中表现出来的美的情感关系"是决定性的。古希腊伟大艺术走向终结时,美学开始形成。但是古希腊只是美学的发端,它的形成、发展同样与时代的变化密切相关,他指出,"一个时代是否以及如何与一种美学密切相连,一个时代是否以及如何从一种美学态度出发来对待艺术,这个事实是决定性的,决定着这个时

---

1 [德]海德格尔:《尼采》(上),第91页。
2 同上,第89页。
3 同上。
4 同上,第90页。
5 同上,第92页。

代中艺术对历史的构成作用的方式，——或者艺术是否在这个时代中付诸阙如（ausbleibt）"[1]。他特别关注近代（Neuzeit）的变化，认为"在近代几个世纪当中，美学本身已经得到了奠基和有意识的推动。这也可以说明，为何到这个时候才出现'美学'这个名称，以表明一种早已经被铺平了道路的考察方式"[2]。美学学科的诞生正是基于近代以来伟大艺术走向沉沦这一巨大变化。

概而言之，海德格尔是从存在论层面上考察艺术和存在者之关联，基于时代的变化来论证伟大艺术终结与美学支配地位形成的反向关系。产生伟大艺术的时代的特征就是艺术之为存在者之整体向着人类的开启，古希腊时代的艺术最为典型；而近代的基本特征则相反，是将主体作为衡量一切的尺度，"美学"乃是主体性兴起的产物。在这种存在论的阐释逻辑下，伟大艺术时代的沉沦与美学支配地位的形成，正是由于主体性兴起的缘故而达到同步了。最后，基于这种存在论的阐释框架，海德格尔将黑格尔的美学视为美学的顶峰，换言之，在海德格尔看来，黑格尔代表了近代主体性的完成和集大成，所以，黑格尔美学的诞生标志着伟大艺术时代的终结，海氏并认为黑格尔也真正认同这一点，由此暗示其概括出的"伟大艺术终结"论符合黑格尔的思想、言论。但从他所引用的黑格尔那几段话很难得出"伟大艺术终结"论确实来自黑格尔的看法。

上述引文最后一段话看起来是为黑格尔辩护的。海德格尔批评当时人们指责黑格尔，说自 1830 年以来，我们实际上可以举出许多了不起的艺术作品，意思是伟大艺术并没有终结。但是，海氏认为，"人们由此并不能驳倒黑格尔的上述句子以及隐藏在这些句子背后的一切历史和事件"[3]。他专门在第五点概括了 19 世纪德国艺术发展的重大历史事件，对

---

1 ［德］海德格尔：《尼采》（上），第 91 页。
2 同上，第 96 页。
3 同上，第 98 页。

19世纪中叶"错综复杂的历史和精神状况"所呈现的两股对立的文化思潮"以一种奇特的方式相互渗透和相互推进"进行了概括,即"德国运动的伟大时代得到了良好保存的真正传统,以及人类此在的缓慢荒芜和连根拔起,正如它们在德国经济繁荣时代所显露出来的那样"[1]。他重点叙述了瓦格纳等人所做的"总体艺术作品"的"冒险"尝试,认为这种努力关涉到"艺术的历史地位","始终是本质性的"。他具体描述了瓦格纳"总体艺术作品"多方面的实践及效果,揭示出在这种艺术中,"绝对者只还被经验为纯粹无规定的东西、向纯粹感情的完全消融、沉入虚无的飘荡",因而必然"在其实行和作用的过程中多么不可阻挡地变成了伟大艺术的对立面"[2]。正因为以瓦格纳为代表的19世纪德国艺术不再表现绝对者,海氏将其定性为"艺术对其本质的背离"[3]。回过头来看,海德格尔的辩护就顺理成章了:"黑格尔决不想否认这样一种可能性:今后也还会出现个别的艺术作品,也还有个别的艺术作品得到人们的赏识。这个事实,这个只还在某些民众阶层的艺术享受的领域里存在着个别艺术作品的事实,并不反对黑格尔的断言,而恰恰是赞成了黑格尔,它乃是一个证据,表明艺术已经失去了它的趋向绝对者的力量,失去了它的绝对力量。由此出发,十九世纪艺术的地位以及对艺术的认识方式便被规定下来了。"[4]在海氏看来,19世纪艺术整体上背离了它表现绝对者的本质,伟大艺术已经终结,虽然还可能出现个别(但数量不少)受到部分民众欢迎的艺术作品,但恰恰证明了黑格尔关于艺术的黄金时代已经成为过去的论断。海氏这个辩护,在逻辑上是成立的、自洽的、有力的,但是,他并没有注意到黑格尔关于艺术未来发展的另一方面的开

1　[德]海德格尔:《尼采》(上),第99页。
2　同上,第101页。
3　同上,第98页。
4　同上。

创性观点。黑格尔明确指出，在他那个时代，在浪漫型艺术完成之后，正在出现一种新的"自由艺术"，呈现出强大的生命力。[1] 就是说，黑格尔实际上并没有宣判艺术（包括伟大艺术）的终结。就此而言，海德格尔与其说是为黑格尔辩护，还不如说是为他所塑造的、符合他创造的"伟大艺术终结"论的黑格尔形象辩护。

必须指出，海德格尔对上引黑格尔几段话的现代阐释和辩护固然独具一格，言之成理，启人深思，但是他是用百年以后他创建的现代存在论思想来梳理、阐释、发挥、引申黑格尔观点的，并不完全符合黑格尔这些论述的原意，特别是从这些言论中提炼、概括出"伟大艺术终结"论，并把发明权归于黑格尔，恐怕离黑格尔本意较远。这就涉及如何遵循阐释学的基本原则问题。笔者认为，他用自己奠基的现代存在论的"前有"、"前见"来解读、阐释黑格尔的相关论述，属于本体论阐释学的理念；而当他细读黑格尔的原话，尽可能贴近其本来意义地进行解释时，他又部分承认、接受了方法论阐释学寻求作者原意的理路。这种看似矛盾的现象，恰恰证明了方法论阐释学目前还有部分存在的价值。在阐释过程中，完全撇开作者原意，恐怕至少是不完整的。这也是本文从作者原意角度根本否认黑格尔提出过"艺术终结"论的合法性、合理性的主要依据。

下面再引第二段即第六个基本事实：

六、黑格尔断言，艺术已经**丧失了强力（Macht）**，已经不能成为决定性的对绝对者的赋形和保存力量了（Verwahrung）；黑格尔的这个说法也就是尼采鉴于"最高价值"（宗教、道德、哲学）而认识到的情况：人类历史性此在在存在者整体上的奠基已经缺失

---

1 参见朱立元：《内在提升·辩证综合·自由艺术——对黑格尔"艺术终结"论的再思考之二（下）》，《当代文坛》2020年第2期。

其创造性力量和维系力量。

然而，不同处在于，对黑格尔来说，艺术——与宗教、道德和哲学不同——已经陷于虚无主义中，变成了一个过去了的、非现实的东西，而尼采却在艺术中寻求虚无主义的反运动。尽管尼采从根本上抛弃了瓦格纳，但我们在他那里仍旧可以看到瓦格纳追求"总体艺术作品"的意志的一个影响。在黑格尔看来，艺术作为一个过去了的东西已经成为最高的思辨知识的对象了，黑格尔于是就把他的美学提高为一种精神形而上学了，而尼采对艺术的沉思则变成了一门"艺术生理学"。[1]

这里引文第一段第一句海德格尔说，"黑格尔断言，艺术已经丧失了强力"，就没有引文出处，据笔者考证，这并不是黑格尔说的；而且把尼采的"强力"（Macht）一词用在黑格尔的话语上，更是强加于人，这是把海德格尔自己对黑格尔话语的发挥、改造说成是黑格尔的"断言"（aussprach），真是典型的"强制阐释"（张江语）！第二句话又用尼采的观点和他自己的存在论思想来阐释并非黑格尔所说的所谓"黑格尔的这个说法"。这当然是遵循其本体论阐释学完全不顾作者原意的阐释路数。第二段引文是在上述强制阐释基础上，对黑格尔与尼采的观点做比较分析。他断言，黑格尔主张不同于宗教、道德、哲学的艺术如今"已经陷于虚无主义中，变成了一个过去了的、非现实的东西"。且不说他完全没有顾及黑格尔关于艺术与宗教、道德和哲学辩证关系的深刻洞见，仅就这个断言来说，显然把黑格尔的有关言论无限发挥，推到极端，偏离了其本来意义；同时倒部分肯定"尼采却在艺术中寻求虚无主义的反运动"，这是笔者难以认同的。最后一句话"在黑格尔看

---

[1] ［德］海德格尔：《尼采》（上），第106页。

来，艺术作为一个过去了的东西已经成为最高的思辨知识的对象了，黑格尔于是就把他的美学提高为一种精神形而上学了"，这里看似赞扬黑格尔把美学"提高为一种精神形而上学"，其实并不符合黑格尔的本意。在《美学讲演录》全书绪论的开篇，黑格尔就明确讲美学"它的对象就是广大的美的领域，说得更精确一点，它的范围就是艺术，或者毋宁说就是美的艺术"[1]。这里艺术并不是作为"一个过去了的东西"，而是从古至今不断发展、当下仍然在继续发展的精神形态。是的，黑格尔的美学将艺术提升到哲学高度加以审视，所以美学这门科学被命名为"美的艺术的哲学"[2]，但是，这并不意味着艺术走过了象征型、古典型、浪漫型的漫长历程，就要终结或者消失了。黑格尔已经看到新的自由艺术正在崛起。海氏看似在赞扬黑格尔美学上升到支配地位，实际上认为黑格尔对未来艺术持虚无主义、悲观主义的态度。应该说，这不是在肯定黑格尔，反倒是在贬低黑格尔。就阐释学理论来说，这是对黑格尔原意的偏离和误读，恰恰暴露出本体论阐释学某种局限性。

三、伽达默尔的"艺术的过去特征"论
(Der Vergangheitscharakter der Kunst)(一)

本体论阐释学的创建者伽达默尔同样对黑格尔的所谓"艺术终结"论有许多看法和阐释。由于他的相关阐释分散于不同论著之中，篇幅又较大，这里无法全文照录，只能择其若干重要论述做概括引用和叙述。

与海德格尔把黑格尔的相关思想概括为"伟大艺术终结"论不同，伽达默尔提出了"艺术的过去特征"论来概括黑格尔的相关说法，并没有用"终结"的概念，这也是伽达默尔阐释黑格尔相关言论的核心思想

1　[德]黑格尔:《美学》(第一卷)，朱光潜译，北京:商务印书馆，1997年，第3页。
2　同上，第4页。

和论题。他是这样说的：

"艺术的过去特征"（Der Vergangheitscharakter der Kunst，按：张志扬等译为"消逝性"）[1]是黑格尔提出的（Formulierung），他以此把这样一种哲学要求极端尖锐化了，即我们要把我们对真理本身的认识（Erkennen der Wahrheit）作成我们认识的对象（Gegenstand unseres Erkennens zu machen），懂得我们对真实本身的知识（wissen）。在黑格尔看来，这些任务和要求始终得提到哲学的高度。这一任务只有当人们在大量的和成熟的东西中把握住了真理时，才算最终完成，这样，真理就会像目前那样，在历史的展开中逐渐显露出来。黑格尔哲学的这一要求，恰好也是把基督教启示（christlichen Verkündigung）的真理提升到概念高度的要求。这本身就可以看作是基督教学说的最深的秘密（Geheimnis），三位一体（Trinität）的秘密。我个人因此相信，对思维的挑战，以及对不断跨越人类的理解界限（die Grenzen menschlichen Begreifens）的许诺，在西方总是使人的后思的过程保持着生气勃勃。

事实上，黑格尔的这一大胆要求，就是要他的哲学去把握住这一基督教学说的最深的秘密，并把基督教学说的全部真理总括在概念的形式之中。许多世纪以来，神学家和哲学家们为此秘密呕心沥血、冥思苦索、殚精竭虑。黑格尔力图做的就是，以一种哲学的三位一体（philosophischen Trinität）来进行辩证的综合（dialetishe Synthese），从而精神得以不断上升（Aufstehung）。在此不能推

---

[1] 本文将"Der Vergangheitscharakter der Kunst"统一译为"艺术的过去特征"，考虑到译名统一，本文将伽达默尔相关文本中出现的"Der Vergangheitscharakter der Kunst"均改动为"艺术的过去特征"，以下不再赘述，但涉及"vergangen"的翻译时，本文会参照具体上下文灵活地翻译为"过去"或"过时"。

演这种综合，但我必须提及这一点，以便使黑格尔对艺术的定位（Stellung zur Kunst）和他关于"艺术的消逝性"的陈述（Aussage über den Vergangenheitscharakter der Kunst）得到透彻的理解。

黑格尔所指的，首先不是当时事实上已经达到了的西方——基督教图画传统的终结（nicht das Ende der abendländlisch-christlichen Bildtradition）。今天人们如此认为是不恰当的。黑格尔作为那些艺术的同时代人所感觉到的，并不是一种处于异化和挑战中的崩溃。这种崩溃我们今天作为抽象画艺术和无对象艺术的同时代人，倒是在这些艺术的创作中体验到了。每一个卢浮宫的参观者，只要他一走进这个登峰造极、炉火纯青的西方绘画艺术的壮丽博物馆，第一次被十八世纪末十九世纪初那些革命高潮的革命艺术和加冕艺术的绘画所突然攫住时，都会产生与黑格尔相同的感受。[1]

伽达默尔首先认定"艺术的过去特征"（Der Vergangheitscharakter der Kunst）是黑格尔提出的，其实，黑格尔从来没有明确这样说过，参照伽达默尔其他一系列论述，笔者认为这是他对黑格尔美学的总体特征的概括；而这一概括和归纳虽是基于他对黑格尔思想整体的把握，但却并不一定完全符合黑格尔的本意。伽达默尔将黑格尔思想整体的特征把握为历史性，并高度重视黑格尔的开创性，强调"在黑格尔那里，历史性要素赢得了它的权利"[2]。伽达默尔认为，这种历史性的要义就在于，黑格尔将"我们对真理本身的认识（Erkennen der Wahrheit）作成我们认识的对象（Gegenstand unseres Erkennens zu machen），懂得我们对真实本身的

---

[1] Hans-Georg Gadamer, Die Aktualität des Schönen, Leipzig: Reclam, 2000, S. 5-6. 中译见伽达默尔的《美的现实性——作为游戏、象征、节日的艺术》一文，载［德］伽达默尔：《美的现实性》，张志扬等译，北京：生活·读书·新知三联书店，1991年，第5—6页，译文有改动。
[2] ［德］伽达默尔：《诠释学I：真理与方法》，第480页。

知识（wissen）"，如此一来，对真理的认识就构成了作为对象的真理在历史中的自我生成。在伽达默尔看来，黑格尔思想体系历史性的特征就是将哲学确立为绝对精神的最高形式，在这种最高形式中，"精神的那种自我意识就完成了"[1]。基于这种对黑格尔思想体系历史性的理解，伽达默尔认为，"在黑格尔看来，这些任务和要求始终得提到哲学的高度。这一任务只有当人们在大量的和成熟的东西中把握住了真理时，才算最终完成，这样，真理就会像目前那样，在历史的展开中逐渐显露出来"，即黑格尔将哲学形式确立为绝对精神的真理性依据，哲学由此成为绝对真理，哲学的这种绝对性体现在两方面：一方面需要以哲学的对象来衡量绝对精神在整个历史进程之中显现的程度，另一方面也以哲学的形式来判断其他人类精神形态（包括艺术）的真理性。

伽达默尔特别从黑格尔哲学和基督教教义之关系切入，判定这种历史性乃是一种哲学要求极端尖锐化，他说："黑格尔哲学的这一要求，恰好也是把基督教启示（christlichen Verkündigung）的真理提升到概念高度的要求。这本身就可以看作是基督教学说的最深的秘密（Geheimnis），三位一体（Trinität）的秘密。"我们知道，三位一体的教义是基督教核心教义[2]：神是独一的，同时又具有三个位格——圣父、圣子、圣灵，而这种独一之神和三个位格之间呈现出一种表面上的自相矛盾，并由此引发了有关"基督的神性之争"[3]的漫长历史。争辩的焦点在于圣子或道（Logos）的神性。公元381年，君士坦丁堡会议召开后，"三位一体"教义被定为天主教的神学纲领。这一教义的费解之处就在于"体"和"位"的关系，圣奥古斯丁在《论三位一体》中辨析了"体"和

---

1 ［德］伽达默尔：《诠释学 I：真理与方法》，第236页。
2 Vgl. Jörg Splett, Die Trinitätsichre G. W. F. Hegels, Freiburg & München: Karl Alber Verlag, 1984, S. 1, S. 59.
3 参见［美］罗杰·奥尔森：《基督教神学思想史》，吴瑞诚、徐成德译，周学信校，上海：上海人民出版社，2014年，第134—143页。

"位"的希腊语来源,"三位一体"就是 Mia Ousia, treis Hypostaseis（μίαν ουσίαν, τρεῖς ὑποστάσεις）[1],等同于拉丁语字面的"一个存在、三个实体"（one essence, three substances）[2],因此,奥古斯丁明确说"三位一体"并非恰当之称而是无奈之举:"我们说三个位格,不是为了说得确切,而是为了不化作沉默。"[3] 从信仰层面来看,"三位一体"的教义是不可理解的,只能被启示,但按照黑格尔自己的说法,"关于神之所是教义的奥秘（Das Mysterium des Dogmas）被人所获知（mitgeteilt）;当人们未意识到、不以概念来把握（begreifen）此真理之必然性,仅在他们的表象中接受它时,人们信仰此奥秘,且被认为最高真理"[4],而神"这种思辨的理念与感性者相对立,也与知性相对立;因此,对于感性的考察方式及知性而言,它是秘密（Geheimnis）"[5]。在黑格尔看来,对感性和知性的考察方式而言是一个秘密的"三位一体",对于理性而言就不再是秘密,而是真正意义上的神的本性,因为对于理性而言,神已经表明可被认识,指明了祂是什么。[6] 从哲学上看,"三位一体""这一真理、理念被称为三位一体之教义——神是精神、纯粹知识的活动,在自身本身持续存在着的活动"[7]。黑格尔由此认为基督教"三位一体"的教义是在信仰或表象形式之中能够被把握到的最高真理,但这种真理超出了知性所能理解的范围,因此表现为秘密,而在哲学或概念认识的形态之中,这三种神之分离的位格就被转化为了理念自我认识和现实性之间的绝对同一。

---

1 [古罗马]奥古斯丁:《论三位一体》,周伟驰译,上海:上海人民出版社,2005年,第168页。
2 同上。
3 同上。
4 G. W. F. Hegel, Vorlesungen über die Philosophie der Religion II, TWA. Frankfurt. a. M.: Suhrkamp, 1987, Bd. 17, S. 222.
5 Ibid., S. 227.
6 Vgl. Ibid.
7 Ibid., S. 223.

与"三位一体"教义不同之处在于,哲学所阐明的概念之真理不再将理念之自我认识和现实性之间的和解投射为外在的圣灵的形象,而是统一成了概念或理念本身的活动。

据此,伽达默尔有理由认为,黑格尔是用"他的哲学去把握住这一基督教学说的最深的秘密,并把基督教学说的全部真理总括在概念的形式之中",黑格尔通过哲学解释使基督教"三位一体"的教义得到透彻理解。应该说,伽达默尔的这一判断有充分的黑格尔著作文本的依据,完全符合黑格尔思想的本意。在此基础上,伽达默尔进而将这种哲学形式中的真理,称之为"哲学的三位一体"(philosophischen Trinität),认为哲学乃是基督教真理性得以显明的根据,同时,对基督教教义而言,其真理性还需要从启示或信仰之中提升到概念或纯粹思维的高度。也是在这个意义上,伽达默尔指出,黑格尔将基督教教义提升到了哲学的高度,乃是"对思维的挑战,以及对不断跨越人类的理解界限(die Grenzen menschlichen Begreifens)的许诺",完成了"许多世纪以来,神学家和哲学家们为此秘密呕心沥血、冥思苦索、殚精竭虑"但却仍未完成的工作。这个评价非常高,但符合实际。

而伽达默尔这一判断更深层次的含义在于,他不仅将哲学和基督教教义的关系视为一种真理性的提升,而且还是一种历史性的提升,伽达默尔将这种历史性的提升描绘为"精神的一切其他历史形态一样属于一个唯一的自我意识的精神的前形态,后者在黑格尔看来是在哲学概念中完成的。但在这一切前形态中都有真理,在黑格尔对哲学概念大大提高了的要求中却仍然接受和移植了已取得的历史直观的深厚遗产"[1]。这里,精神的"其他历史形态"和"前形态"当然包括艺术,此处暂时存而不

---

1 Hans-Georg Gadamer, Neuere Philosophie II(Gesammelte Werke 4), Tübingen: J. c. B. Mohr(Paul Siebeck), 1987, S. 405. 中译见［德］伽达默尔:《黑格尔与海德堡浪漫派》,载［德］伽达默尔:《伽达默尔集》,严平编选,邓安庆译,上海:远东出版社,2003年,第333页。

论。因而，伽达默尔在上述意义上将黑格尔那里的哲学形式和历史意识关联起来，"哲学是历史意识的自我遗忘的最极端的对立面"[1]，这种历史性的提升具体的运作方式被伽达默尔称为黑格尔哲学上"辩证的综合"（dialetishe Synthese）的方法。这一点恰好可以与其在《真理与方法》中所评述的黑格尔综合（Integration）的方法相互印证和发明。在他看来，所谓的综合，"对于哲学来说，表象的历史态度转变成了对于过去的思维态度"[2]，换言之，"历史精神的本质并不在于对过去事物的恢复，而是在于与现时生命的思维性沟通"[3]，这种思维性沟通并不是一种外在的和补充性的关系，而是一种内在的"不断上升"（Aufstehung）。这个阐释把黑格尔的辩证综合概括为真理性—历史性提升的模式。笔者认为，伽氏这个概括符合本体论阐释学的理路，也符合黑格尔哲学的基本精神。

关键在于，伽达默尔进而以这种真理性—历史性提升的模式，或综合的运作方式来阐释黑格尔关于艺术真理和哲学关系的思想，判定哲学"以一种更高的方式在自身中把握了艺术的真理"[4]。他认为黑格尔将哲学作为历史性的内核和真理性的衡量标准，并由此出发把黑格尔的有关言论（如前文海德格尔所引用的话）概括为"艺术的过去特征"这一命题，并认为正是这种真理性—历史性提升的模式能够使"黑格尔对艺术的定位（Stellung zur Kunst）和他关于'艺术的过去特征'的陈述（Aussageüber den Vergangenheitscharakter der Kunst）得到透彻的理解"。

对此，我们可以结合伽达默尔其他的相关论述对这一命题加以深入分析。在《真理与方法》中，他曾对黑格尔对艺术的定位做了一个描述性的解释，"自从基督教出现之后，艺术就再也不是真理的最高方式，

---

[1] [德]伽达默尔：《诠释学I：真理与方法》，第236页。
[2] 同上。
[3] 同上，第237页。
[4] 同上，第236页。

再也不是神性的启示，并从而变成了反思艺术"(Daß die Kunst seit dem Auftreten des Christentums nicht mehr die höchste Weise der Wahrheit, nicht mehr Offenbarkeit des Göttlichen ist und daher Reflexionskunst geworden ist）[1]。参照前述伽达默尔对黑格尔思想整体阐释的框架，可以确认的是，伽达默尔判定，黑格尔首先认为艺术在基督教未出现之前曾是表现真理的最高方式，是对神性的启示，而基督教出现之后这一重任被转交给了"三位一体"的教义（宗教）。那么可以推想的是，此后，哲学形式也接替了宗教（"三位一体"教义）曾经作为真理最高表现方式的任务，这里呈现出艺术→宗教→哲学的递进、上升序列（当然，这是我们对伽氏观点做符合黑格尔思想的推演）；其次，这种交替、递进不仅是真理性的提升，而且也是一种历史性的进展，伽达默尔指的"基督教出现"强调的是基督教对于黑格尔哲学整体的历史意义，那么，其言下之意应该是，对艺术而言也同样如此，即艺术的历史意义就在于它在基督教出现之前曾经是表现真理的最高形态；最后，伽达默尔得出结论："黑格尔只是通过下面这一点才能认可艺术真理，即他让领悟性的哲学知识超过艺术真理，并且从已完成的现时自我意识出发去构造世界观的历史，如世界史和哲学史。"[2]据此，我们是不是可以做这样的总结：伽达默尔对黑格尔的综合方法的总体判断——"哲学要求极端尖锐化"，其实指的是黑格尔以这种哲学方法将艺术、基督教纳入一个真理性层级和历史性层级之中，在这个层级之中，内在的不断上升就意味着真理性的显现逐渐清晰化、绝对精神在历史过程中也越来越具有真理性？

正是在这种内在上升的意义上，伽氏断言，黑格尔认为艺术成了过去。上升和过去乃是一体两面，对于哲学而言，艺术乃是"过去"，对

---

1 ［德］伽达默尔:《〈真理与方法〉第3版后记》，载［德］伽达默尔:《诠释学 II：真理与方法》，洪汉鼎译，北京：商务印书馆，2007年，第574页。

2 ［德］伽达默尔:《诠释学 I：真理与方法》，第139页。

艺术真理的保存同时构成了艺术在历史性层级和真理性层级向着哲学的"上升"。但从伽氏的相关论述，我们发现，他实际上认为这种"上升"同时可以做事实性的和真理性的两种理解，他自己区分了事实上的"过去"和真理上的"过去"，前者是外在关系，而后者才是一种内在提升。事实性的"过去"乃是将艺术置于其与历史关系中所获得的，"并不是与它们活生生的关系，而是单纯的表象关系"[1]，而黑格尔认为这种表象关系只是一种外在的活动。[2] 伽达默尔强调，就算是黑格尔也不会从经验意义上完全"否认对往日艺术采取这种历史态度是一个合理的工作，而是说明了艺术史研究的原则"[3]，虽然这种对事实性"过去"的理解只是外在的和补充性的，但是用在黑格尔三种历史类型的艺术史描述上，似乎是适用的。关于真理性的理解，伽达默尔认为，所谓真理意义上的"过去特征"既尊重事实上的"过去特征"，也能包含它，"黑格尔所指的，首先不是当时事实上已经达到了的西方——基督教图画传统的终结（nichtdas Ende der abendländlisch-christlichen Bildtradition）"。伽达默尔以卢浮宫中的《拿破仑加冕图》为例子，指出，即使现当代"每一个卢浮宫的参观者，只要他一走进这个登峰造极、炉火纯青的西方绘画艺术的壮丽博物馆，第一次被十八世纪末十九世纪初那些革命高潮的革命艺术和加冕艺术的绘画所突然攫住时，都会产生与黑格尔相同的感受"，即事实意义上的"基督教图画传统的终结"。但伽达默尔强调，真理意义上的"过去"性，并不局限在现实意义上的衰落，或编年史意义上的被淘汰，而是艺术在真理性或事实性层面已经成为"过去"。也就是在这个意义上，这种事实意义上的"过去"虽不与真理意义上的"过去"矛盾，但却必须通过真理意义上的"过去"得到解释。就真理意义

---

1 ［德］伽达默尔：《诠释学 I：真理与方法》，第 235 页。
2 同上，第 236 页。
3 同上。

而言，伽达默尔说："黑格尔说到艺术的过去特征，毋宁说，他指的是，艺术不再像在古希腊世界和它所描绘的神性的世界中那样，以自己的方式不言而喻地得到理解。"[1] 这里需要强调的是这种"过去"性在伽达默尔看来，并不是艺术本身已经成为"过去之物"，而是对于现代世界主导的思维或思辨的方式而言，艺术具有了"过去"特征。

但是伽达默尔所概括出的"艺术的过去特征"这一命题反而容易引起一系列对黑格尔观点的误解，尤其是会使人单纯从事实性方面来理解，因此伽达默尔不得不转而为黑格尔辩护："黑格尔肯定不会认为——而且他怎么会知道呢——巴洛克和比它较晚些的罗可可形式是出现在人类历史舞台上的最后的西方风格。他不知道我们在回顾往事时才知道的事，即当时已开始了历史化的世纪。他没有预见到，在二十世纪，人类从十九世纪的历史束缚中大胆地自我解放出来，形成了一种真正敢于冒险的意识，把所有的迄今为止的艺术都看作过去了的东西。"[2] 这意味着，针对当前的艺术状况，针对现代艺术对一切传统否定的现状，不但很容易对"艺术的过去特征"这一命题做肤浅庸俗的事实性理解，而且会以为黑格尔果真把古今所有艺术都看成"过去"了。伽达默尔认为在这个命题中黑格尔要突出的核心思想在于，基督教世界的出现构成了一种新的真理关系，原先在古希腊或古典型艺术中真理是直接的，即绝对者的形象在艺术的形象性和造型性之中是直观地、原原本本地显现出来；[3] 而基督教将神从古希腊世界的此岸拉到了作为彼岸的天国，因而艺术这种原原本本显现的模式已经无法表达这种新的真理形态。如伽达默尔所说，"黑格尔本来的论断是，对于希腊文化来说，神

---

1 Gadamer, Die Aktualität des Schönen, S. 7. 中译见［德］伽达默尔：《美的现实性——作为游戏、象征、节日的艺术》，第6—7页，译文有改动。

2 Ibid., S. 6-7. 中译见同上。

3 Vgl. Ibid., S. 7. 中译见同上，第7页。

和神性（Gott und Das Göttliche）在它的土生土长的形象性和造型性的传说的形式（bildnerischern und gestalterischen Sagens）中，原原本本地显现出来。而基督教和它对神的彼岸性的新的深刻洞见，已使得艺术的造型语言（Bildersprache）和诗的言说的形象语言（dichterischer Rede）无法表达自己的真理（Wahrheit）。艺术作品不再是我们膜拜的神性的东西本身（Das Werk der Kunst ist nicht mehr das Göttliche selbst, das wir verehren）"[1]。伽氏在此实际上把"艺术的过去特征"论限制在古希腊艺术的范围内，不包括以后新起的基督教艺术。我们看到，伽氏这里强调"黑格尔本来的论断"，是为了避免人们对他所概括的黑格尔"艺术的过去特征"论的误解、误读，实际上既为他所概括的这一命题做辩护性解释，也在力求尊重和寻找黑格尔论述的本来意义即原意。

　　伽达默尔还对"艺术的过去特征"的观点做了进一步的推演和发挥，认为"这一论断还暗含着这种观点：随着古希腊艺术的终结，艺术必然出现论证不足的现象"[2]，即艺术继续存在的合理性的论证不足。与将"艺术的过去特征"论限制在古希腊艺术的范围相应的是，伽达默尔认为"艺术的合理论证是基督教和带着古希腊文化传统的人文主义的融合的成果，它经过几个世纪形成了一种我们所说的西方基督教艺术的伟大形式。那时，艺术独立地与世界处于一种巨大的合理证明的关联之中"[3]，这意味着，"自从基督教出现之后，艺术就再也不是真理的最高方式，再也不是神性的启示"；但这里则说，近代几个世纪（不包括中世纪）基督教融合了古希腊的人文主义传统，形成了基督教艺术的新的伟大传统，伽达默尔认为黑格尔赋予基督教艺术作为艺术的独立性，即到

---

[1] Gadamer, Die Aktualität des Schönen, S. 6–7. 中译见［德］伽达默尔:《美的现实性——作为游戏、象征、节日的艺术》，第7页。

[2] Ibid., S. 7. 中译见同上。

[3] 同上。

了基督教这一"精神所进展的阶段,即表象、概念、天启宗教和哲学却趋向于把艺术仅仅作为艺术来把握"[1],即"独立地与世界处于一种巨大的合理证明的关联之中"。显而易见,在此,他承认基督教艺术仍然能够表现真理,虽然不一定是"最高方式",因而不具有"过去特征"。伽氏的阐释实际上也带来了对黑格尔"艺术"概念理解上的歧义:古希腊艺术指的是作为"神性的启示"的艺术;而基督教艺术指的则是"把艺术仅仅作为艺术来把握"的具有独立性的艺术。那么"艺术过去特征"所指的艺术究竟是哪一种艺术呢?**抑或两者兼而有之呢?**这种歧义性造成了对黑格尔所谓"艺术过去特征"在事实性上理解的不一,这恐怕是伽达默尔始料未及的吧。

不过,在笔者看来,伽达默尔对黑格尔关于基督教艺术的看法还有可商榷之处,基督教艺术可以纳入到黑格尔所规定的浪漫型艺术之中,浪漫型艺术本身的真理性在黑格尔关于艺术发展的三种历史类型的叙述中已经得到了阐明。黑格尔是从象征型(前艺术)→古典型(古希腊艺术)→浪漫型(近代以来西方基督教艺术)艺术,来展示精神、真理(理念)在艺术显现中不同阶段、形态的连续性和上升性。按照其逻辑理路,黑格尔把标志着精神、理念与感性形式(形象)完满统一的古典型艺术看成体现艺术之为艺术的本质、理想和美的典范,而浪漫型艺术,由于精神、理念突破、超越了感性形式(形象),也就失去了古典的美。他明确指出,"古典型艺术是理想的符合本质的表现,是美的国度达到金瓯无缺的情况。没有什么比它更美,现在没有,将来也不会有。"[2] 但与此同时,他又给予浪漫型艺术以更广大的天地,他说,"不过还有比这种精神在它的直接的(尽管还是由精神创造来充分表现它自己

---

1 [德]伽达默尔:《诠释学 I:真理与方法》,第145页。
2 [德]黑格尔:《美学》(第二卷),1996年版,第274页。

的）感性形象里的美的显现（按：指古典型艺术）还更高的艺术"[1]，那就是浪漫型艺术，它不仅比古典型艺术"更高"，而且在某种意义上还具有更高的美，他说，"对于这个最后的艺术阶段来说，古典理想的美，亦即形象最适合于内容的美，就不是最后的（最高的）（Letztes）美了"，最高的美只能让位于浪漫型艺术了，因为浪漫型艺术离开外在界而返回到它自己的内心世界，精神性、主体性上升到主导地位，所以，"现在的美却要变成精神的美（geistige Schönheit），即自在自为内心世界作为本身无限的精神的主体性的美（unendlichen geistigen Subjektivität）"[2]。黑格尔在此不但承认浪漫型艺术仍然是艺术，而且还是"更高的艺术"；并肯定它在精神层次上的"精神的美"，更高于"古典理想的美"。按照精神性不断上升的内在逻辑展开为艺术发展的三种历史类型（阶段），这后两个阶段（类型），即古典型（古希腊艺术）→浪漫型（近代以来西方基督教艺术）艺术，乃是精神发展连续性和阶段性的统一，并不存在真实的矛盾。在以古希腊艺术为典范的古典型艺术已经消逝的特定意义上，说黑格尔承认"艺术的过去特征"固然言之有理，但是，经过几百年发展形成的西方基督教艺术一直延伸到黑格尔那个时代，却不能说黑格尔一概视之为也已经"过去"。伽达默尔没有将这一点做透彻的论述，使他所概括的所谓黑格尔"艺术的过去特征"论存在某些矛盾之处，缺乏令人信服的理由和可靠的论证。

四、伽达默尔的"艺术的过去特征"论
（Der Vergangheitscharakter der Kunst）（二）

值得我们高度注意的是，伽达默尔还从阐释学角度用黑格尔的"艺

---

1 ［德］黑格尔：《美学》（第二卷），1996年版，第274页。
2 同上，第275页。

术宗教"说来阐释所谓的"艺术的过去特征"论。他说:

> 黑格尔的"艺术宗教"概念所指的就是引起我对审美意识的诠释学怀疑的东西:艺术并非就是艺术,而是宗教,是神性的显现,是神性本身的最高可能性。如果一切艺术都被黑格尔解释成某种过去的东西,那它似乎也就受到历史地回忆着的意识所关注。因此,艺术作为过去的东西就获得了审美同时性,对这种联系的认识为我提出了诠释学的任务,即把真正的艺术经验——并不是被体验为艺术的艺术——通过审美无区分概念而从审美意识中划分出来。这在我看来是一个正当的问题……[1]

需要指出的是,这段伽达默尔在《真理与方法》后记中对"艺术宗教"的论述还必须结合《真理与方法》整个文本的脉络才能得到比较清晰的阐明。伽达默尔自己对《真理与方法》全书的基本内容和线索有个精确的概括:"本书的探究是从对审美意识的批判开始,以便捍卫那种我们通过艺术作品而获得的真理的经验,以反对那种被科学的真理概念弄得很狭窄的美学理论。但是,我们的探究并不一直停留在对艺术真理的辩护上,而是试图从这个出发点开始去发展一种与我们整个诠释学经验相适应的认识和真理的概念。"[2] 伽达默尔的思路是从阐释学的起点,即对艺术经验的分析之中,找到切入真理问题的通道,进而从艺术领域扩展到整个精神科学领域,以发展出一种哲学阐释学意义上的经验和真理。伽达默尔选取从艺术入手讨论真理问题并非任意,而是有意为之,因为自近代审美领域取得独立性以来,艺术就被认为与科学性的真理无

---

1 [德]伽达默尔:《〈真理与方法〉第3版后记》,载[德]伽达默尔:《诠释学Ⅱ:真理与方法》,第573—574页。

2 [德]伽达默尔:《诠释学Ⅰ:真理与方法》,第5页。

涉，在这个意义上，伽达默尔首先必须将批判的矛头明确指向近代以来的"审美意识"观念。他所谓的"审美意识"指的是由康德审美判断力所确立的有关艺术领域的自主性和合法性，它开启了近代美学所包含的彻底审美主体化的倾向。[1] 简言之，审美意识可以归纳为将艺术本质规定为审美经验或审美意识的对象，而不再是真理的领域。

这里，伽达默尔将黑格尔的"艺术宗教"学说作为批判审美意识的武器。首先，他指出黑格尔的"艺术宗教"超出了近代的审美意识范畴，也绝非基于艺术自主性和审美主体化对艺术所做的界定。伽氏正确地意识到，黑格尔在《精神现象学》(1807年)中所描述的"艺术宗教"关联的乃是古代生活，[2] 是真理的显现方式，如黑格尔所说的，"那些艺术作品提供给我们的命运之神也超过了那个民族的伦理生活的现实性，因为这个精神就是那个外在化于艺术作品中精神的内在回忆——它是悲剧的命运之神，这命运把所有那些个体的神灵和实体的属性集合到那唯一的万神庙中，集合到那个自己意识到自己作为精神的精神中"[3]。因此，伽氏认为，黑格尔的"艺术宗教"超出了近代独特的审美意识的局限性，相反，在古代，尤其是在古希腊伦理世界中，艺术宗教不止是艺术，而首先是宗教，是真理的显现，是神性本身的最高可能性。简言之，伽达默尔强调的是黑格尔"艺术宗教"中凸显了古希腊艺术的真理性和历史性。

其次，伽达默尔并没有全盘否定审美意识在一定条件下存在的合理性，但他认为黑格尔上述这种艺术规定在更高的层次上兼容了审美意识和历史性。他说，"如果一切艺术都被黑格尔解释成某种过去的东西，那它似乎也就受到历史地回忆着的意识所关注。因此，艺术作为过

---

1 ［德］伽达默尔：《诠释学I：真理与方法》，第63页。
2 同上，第235页。
3 ［德］黑格尔：《精神现象学》(下)，第232页。

去的东西就获得了审美同时性"。伽达默尔认为获得这种兼容性的关键就在于黑格尔"综合"的方法,"综合"方法运作的内核就是上文提到的"与现时生命的思维性沟通",通过这种思维性沟通,过去事物被纳入(综合)到了与当下的关联之中,即"受到历史地回忆着的意识所关注",由此古希腊的艺术作品不管与当前的时间间距如何绵长,依然能为我们现在所把握、所理解,即通过"综合"的方法即"思维性沟通",扬弃了这种时间间距,从而将过去事物转化为了在意识之中与现在事物具有同时性(Gleichzeitigkeit)。但这显然是伽达默尔自己的创造性发挥,并非黑格尔的本意。因为黑格尔所谓"综合"的方法即概念方法是将"艺术宗教"提升为概念的真理,从而将"艺术宗教"这一形态纳入到了真理性和历史性的大全之中;而伽达默尔显然是从现象学意识结构分析和海德格尔对艺术作品存在结构的分析入手,阐明了审美同时性的问题,这显然是一种对黑格尔"艺术宗教"学说的现象学—存在论阐释,完全纳入了其本体论阐释学的理论框架和阐释思路,有过度阐释之嫌。

再次,伽达默尔从设定黑格尔"艺术宗教"对审美同时性的兼容性入手,阐明了艺术经验必然涉及真理问题,而艺术经验中的真理是一种历史性的真理,这就"迫使我们去进行对审美意识和历史意识的批判"[1]。伽氏主张的"审美无区分"(Ästhetische Nicht-Unterscheidung)强调的是对近代审美意识的批判,即反对康德所开启的艺术自主性和审美主体化。伽氏认为黑格尔的"艺术宗教"学说正好反驳了康德所开启的审美区分,抑或在更高层面上兼容了审美区分。但这同样属于伽达默尔本人的再创造发挥。其"审美无区分"概念是基于他的"游戏本体论"的。在他看来,游戏是艺术作品的存在方式,也是理解审美无区分的一把钥匙。简言之,艺术作品的意义与其存在是统一的,即艺术作品是为其存

---

1 [德]伽达默尔《诠释学 I:真理与方法》,第 237 页。

在的历史世界所规定的。与之类似,"审美无区分"反对的是将艺术从其所在的历史世界中抽象出来,强调要从艺术存在的历史性层面来理解艺术作品,艺术经验是为历史境遇所规定的。在这个意义上,艺术的真理就必须扩展到整个精神科学的领域或整个历史世界之中,才能得到真正的理解。显然,伽达默尔的"审美无区分"观念是基于海德格尔存在论阐释学的,而非从黑格尔"艺术宗教"说的"综合"方法发展而出的思想,虽然这一观念本身有其合理性,体现了对康德美学某些方面的超越,但从总体上看,伽达默尔只是将黑格尔的"艺术宗教"说作为实例和艺术领域向着精神科学领域的过渡点,而非尽可能贴近黑格尔的原意所进行的文本细读。

由此可见,虽然伽达默尔基于自己本体论阐释学的框架同样肯定了黑格尔"艺术宗教"学说,认为这一学说克服了历史性和同时性的对立,成为"对于审美性的超时间要求和艺术作品和世界的历史一度性之间的冲突"而言"唯一现实的解决"方案;[1] 但我们同样必须看到,伽氏在此处只是以黑格尔的"艺术宗教"学说为例,来解释自己"审美无区分"观念,这使得他的分析带有一定的含混性。伽达默尔一方面指出黑格尔的"艺术宗教"学说阐明了"自从基督教出现之后,艺术就再也不是真理的最高方式,再也不是神性的启示(Offenbarkeit)",[2] 即显示出了"艺术的过去特征",在此基础上他认为黑格尔是站在天启宗教或哲学的高度对基督教艺术做的定位——艺术不再是真理的表现方式,而成为近代审美意识所理解的具有自主性的艺术;另一方面他又认为黑格尔那里艺术向着宗教、哲学的提升乃是一种"反思艺术到艺术反思的转化",[3] 肯

---

[1] [德]伽达默尔:《〈真理与方法〉第3版后记》,载[德]伽达默尔:《诠释学II:真理与方法》,第574页。
[2] 同上。
[3] 同上。

定这"构成了黑格尔观点客观可证明的内容",并据此宣称"反思艺术并不是艺术时代的晚期,而已是从艺术向知识的转化,唯有这样艺术才成其为艺术",[1]这无疑是从哲学或天启宗教的角度来规定的艺术,那么是否还能据此判定基督教艺术具有"艺术的过去特征"呢?这里伽达默尔显然并没有给出具体论述,而"艺术的过去特征"因此也尚有含混之处。

总体来看,伽达默尔对于黑格尔整个"艺术宗教"学说解读的出发点和最终的落脚点都是为了维护自己"审美无区分"思想对"审美意识"的批判。从阐释学角度看,这无疑是对黑格尔美学的一种过度阐释,不少地方并不符合黑格尔的本意。

伽达默尔阐释所谓黑格尔的"艺术的过去特征"论,还有两段比较重要的话值得考察。

第一段话:

> 当黑格尔从绝对概念的哲学观点出发,把艺术描述为一种已成过去的事物时,这样一个令人震惊的和有争议的论断甚而具有更大的歧义性。他是在说艺术不再具有某种要求实现的目的,不再叙述任何内容了?抑或他的意思是指,就绝对概念的立场而言,艺术乃是一种过时之物,因为它过去和将来都不过是概念性思维方式的初级准备而已?假若真的如此,那么艺术的"过去"恰恰就是与它不同的表现现时代的"思辨的"方式。而按照这种观点,艺术却又不服从支配着思辨思维方式进程的法则,因为思辨思维方式首先在哲学的发展中实现了自己。[2]

---

1 [德] 伽达默尔:《〈真理与方法〉第 3 版后记》,载 [德] 伽达默尔:《诠释学 II:真理与方法》,第 574 页。
2 Gadamer, Neuere Philosophie I(Gesammelte Werke 3), S. 88. 中译见 [德] 伽达默尔:《黑格尔与海德格尔》,载 [德] 伽达默尔:《伽达默尔论黑格尔》,张志伟译,北京:光明日报出版社,1992 年,第 138 页。

在这段话中，伽达默尔再次判定黑格尔从绝对理念出发提出了"艺术的过去特征"论，即"把艺术描述为一种已成过去的事物"。这句话的强制性、笼统性、片面性姑且不论，前面已有论述。但他又批评黑格尔这一论断"令人震惊"，"具有更大的歧义性"，却有点强加于人。他对这种歧义性做了两种猜测性假设，但由于前一种假设显然违背常理，实际上他是认可后一种假设的，即认为黑格尔从绝对观念的哲学出发，将"艺术的过去特征"阐释为"它过去和将来都不过是概念性思维方式的初级准备而已"。这样一来，问题就大了："艺术的过去特征"居然成为从古至今甚至延伸到未来的整体艺术的本质特征了，相对于哲学而言，艺术永远是过去之物。这不但与黑格尔的思想背道而驰，恐怕连伽达默尔自己都不会相信。所以他接下来又对理解这种假设提出了两种歧义性解释：一种是艺术的"过去"成为服从和表现不同时代哲学思辨的方式；另一种是艺术不服从和表现哲学思辨的方式，那么，思辨思维方式就独自通过哲学在自身的发展中得到实现，这实际上就暗中承认了艺术有独立于哲学思辨的发展方式，而不仅仅为哲学思辨方式做准备。如此的话，所谓"艺术的过去特征"又如何体现呢？伽达默尔在此陷入了阐释的两难困境。

第二段话：

> 黑格尔在象征概念（Begriff des Symbolischen）中一直思考的是现象的有限性和精神的无限性之间的不协调关系。这种不协调在无限通过有限而成为直观的地方是必然的，但它在黑格尔看来同时也意味着真理的这一形态所不可跨越的那种局限。于是黑格尔现在就教导说，即使在概念的这种关系中也有真理，只要它是历史的。艺术作为整体属于过去时代，恰好是由于它作为整体是象征的

（Symbolisch）。在基督教及其被哲学概念思辨地渗透并产生出某种新的、更内在的真理形式之后，艺术就不再是表达精神真理的最高方式了。艺术的形式停留于外部表象的形式，因此它作为整体即使在其永久的可能性中可以继续保持，也已经过时了。黑格尔的艺术的过去特征论（Lehre vom Vergangenheitscharakter der Kunst），一般地说，是他的那些使其体系在概念的专制与纯粹的直觉之间奇怪地摇摆的大胆命题之一……[1]

在此，伽达默尔用"象征"概念来论证所谓黑格尔的"艺术的过去特征"论。他把黑格尔的"象征"概念解释成"现象的有限性和精神的无限性之间的不协调关系"，固然不错，但当他把"象征"作为整体艺术的本质特征时，却把"象征"的含义扩大化、普遍化为超历史的了。这一点完全不符合黑格尔的本意。黑格尔是把"象征"概念置于象征型艺术的历史语境中阐释的，他认为象征型艺术的根本特点是绝对理念的抽象性、外在形象的物质性、形象对意义（理念）的象征性，理念找不到适合于表现自身的外在形象，只能用纯然的物质性外在形象"隐约暗示"理念意义，这就是象征的方式。一旦理念意义找到了合适的外在形象，两者达到了和谐统一时，象征和象征型艺术就被古典型艺术即真正的艺术扬弃和取代了。黑格尔明确指出，"'象征'无论就它的概念来说，还是就它在历史上出现的次第来说，都是艺术的开始"，"只应看作艺术前的艺术"，[2] "看作是过渡到真正艺术的准备阶段"[3]。可见，伽达默尔对黑格尔的"象征"概念做非历史的扩大化解释，是离开黑格尔本意

---

1 Gadamer, Neuere Philosophie II(Gesammelte Werke 4), S. 405. 中译见［德］伽达默尔：《黑格尔与海德堡浪漫派》，载［德］伽达默尔：《伽达默尔集》，第333页，译文有改动。
2 ［德］黑格尔：《美学》（第二卷），1996年版，第9页。
3 同上，第21页。

的，是没有文本根据的。

问题在于，伽达默尔对"象征"概念做非历史的解释，目的是要论证其所谓"艺术的过去特征"论的合法性。他声称，正是由于艺术"作为整体是象征的"，所以"艺术作为整体属于过去时代"。而他的论证逻辑在于：第一步说在基督教及其被哲学思辨渗透而产生的新的真理形式之后，"艺术就不再是表达精神真理的最高方式了"，从而过时了，这里艺术似乎只是指古典型艺术，并不包括近代以来的基督教主导的浪漫型艺术，换言之，成为"过去"的只是古典型（至多还包括象征型）艺术，而不是"作为整体的艺术"；第二步又说所有艺术取象征的外部表象形式，这种表象直观形式"即使在其永久的可能性中可以继续保持"，即艺术作为整体，其象征的感性表象形式可以贯穿古今地保持直至永远，但就其不再是表现真理的最高方式而言，"也已经过时了"。然而这一逻辑经不起严格推敲，第一与第二步对"艺术"范围的确定大不一样，前者只是指基督教产生之前的艺术，尤其是古典型艺术；而后者则是贯穿古今直至未来的所有艺术，即"作为整体的艺术"；前者在不再是表现真理的最高形式这一点而言，说"过去"尚可成立，也不违背黑格尔的本意；后者就说不通了，如果说整体艺术都不是表现真理的最高形式，那么，就不存在是否"过去"的问题了。剩下来只有一种可能性可以勉强解释这一点，即"艺术的整个历史都从概念真理分离出来了"[1]，因此相对于绝对真理的思辨哲学，整个艺术的历史意义已经成为"过去"，甚至将来也永远处于"过去"的地位上。不过，黑格尔从来没有在这一个意义上谈论艺术的"终结"或"过去"特征。而且，这个说法在理论逻辑上也说不通。

伽氏这种逻辑上的内在矛盾，导致他没有能成功地论证所谓黑格尔

---

[1] Gadamer, Neuere Philosophie II(Gesammelte Werke 4), S. 405. 中译见［德］伽达默尔：《黑格尔与海德堡浪漫派》，载［德］伽达默尔：《伽达默尔集》，第333页。

的"艺术的过去特征"论。因此，当他以赞誉的口气肯定黑格尔"艺术的过去特征"论"一般地说，是他的那些使其体系在概念的专制与纯粹的直觉之间奇怪地摇摆的大胆命题之一"时，却没有意识到他自己反倒陷入了"奇怪地摇摆"之中。

以上，我们对伽达默尔的阐释思路做了比较深入细致的辨析，现在需要我们回到一开始讨论所有问题的前提，即认真考察一下黑格尔自己究竟是否明确提出过"艺术的过去特征"论？根据笔者对相关文献的考证，在流行的黑格尔的友人版的《美学讲演录》中，并未出现过有关"过去性"（Vergangheit）或"过去特征"（Vergangheitscharakter）的提法，因此伽达默尔说"'艺术的过去特征'（Der Vergangheitscharakter der Kunst）是黑格尔提出的（Formulierung）"的论断，是缺乏文献学依据的，并不是对黑格尔思想的正确概括和陈述，而是从其本体论阐释学的"前见"出发的一种个人的概括和阐释，其中不乏过度阐释乃至强制阐释。

五、余 论

上文我们从相关文本出发，分别考察了海德格尔和伽达默尔对所谓黑格尔的"艺术终结"论的不同理解、概括和阐释，产生了一些新的想法，主要是：

第一，他们二位的理解和阐释与目前国内学者的理解和阐释有许多不同。他们用自己概括出的"伟大艺术终结"论和"艺术的过去特征"论来理解和阐释黑格尔的相关思想和论述，各自有一定的合理性。由于他们在语言、文化、哲学、艺术传统等方面比较贴近德国乃至欧洲历史，在研究、理解黑格尔整体思想和相关主张上有独特的优势。而我们绝大部分学者由于中西方的语言、文化、艺术等的差异，在对黑格尔思想、主张的把握上与他们有相当的差距乃至隔阂。所以，我们看到，国内相关的讨论，集中在怎么理解和解释黑格尔的"艺术终结"论，而很少像他们两位那样，用自己的话语（命题）来概括黑格尔的相关思想和言论。

第二，他们二位各自用自己创造的命题来概括和阐释黑格尔的相关思想，但是，都没有断言黑格尔第一个提出了"艺术终结"论，虽然在丹托之后，许多欧美学者提出了这个观点；而当代中国学者基本上沿袭了丹托等人的观点，并把这一点作为理解、解释黑格尔相关思想、主张的前提，从不加任何质疑。

第三，国内学界的这种情况，与新时期以来研究、接受海德格尔、伽达默尔的本体论阐释学成为主流的状况直接相关。三十多年来，学界研究海德格尔的热度始终不减，当然不局限于阐释学；研究伽达默尔也很热，主要围绕其哲学阐释学。这种研究和接受，在阐释学理论、观念方面，居于主流地位，在学界产生的影响也居于主流地位。而对于19世纪至20世纪初，以施莱尔马赫、狄尔泰为代表的方法论阐释学基本上采取批判、贬低或者漠视的态度。对于与伽达默尔在阐释学理论上双雄对峙的意大利阐释学大家贝蒂（Emilio Betti）则译介甚少，学界极少提及。

众所周知，本体论阐释学的核心主张是在合法的"前见"指引下对阐释对象（文本）进行创造性理解和解释，作者原意几乎忽略不计，它虽然在阐释学史上展开了新的一页，但是，在某种程度上有"读者中心"论的片面倾向；而方法论阐释学将追寻文本作者原意作为首要解释目标，基本上属于"作者中心"论，其局限性显而易见，但也不无合理之处；贝蒂承认文本自主性和读者解释的重要性，但并不完全排斥寻找作者原意，其主张有独到性，学术地位可以与伽达默尔相当。

由于我国学界对于阐释学的上述研究、接受状况，即对本体论阐释学的接受处于主流和优势地位，所以对寻找作者原意的阐释取向往往不予重视和关注，这也表现在对黑格尔是否第一个主张或者首先提出"艺术终结"论的问题上，基本持默认或不加质疑的态度。

第四，笔者长期以来也对本体论阐释学的主张深信不疑，全盘接受，并在一些论著中加以推介。直至近年来国内对强制阐释的批评和讨论的展开，才促使笔者对自己现有的观点有所反省，对本体论阐释学的局限性，特别是无视、取消阐释中对作者原意的寻求，也有所反思。笔者从大量第一手资料出发，对学界关于黑格尔为"艺术终结"论始作俑者的普遍看法产生了怀疑，努力想找到黑格尔对这个问题原初的真正想法。本文是这种努力的一个表现。

第五，从上文对海德格尔、伽达默尔概括出的"伟大艺术终结"论和"艺术的过去特征"论的详细阐述中，我们发现，他们二位在大部分场合都遵循着本体论阐释学的思路，分别用他们各自的"前见"指引着理解和解释过程，创造性地发挥着他们的见解；但也有不少地方，他们明显努力贴近黑格尔有关言论的本意，不但对前代和同时代人的误解、误读给予批评，而且竭力为黑格尔的原意辩护。这个阐释学现象非常有意思。它表明，方法论阐释学寻找作者原意的主张并没有完全过时，在一定条件下仍然有合理性和有效性。他们二位对所谓黑格尔的"艺术终结"论问题的阐释学实践证明，本体论阐释学并非无懈可击，方法论阐释学也并非一无是处，在特定条件下二者具有互补性。

（写于2021年7—10月，
发表于《学术月刊》2022年第2期，
《新华文摘》2022年第14期转载）

附 录

对黑格尔"艺术解体"论的再认识

关于对黑格尔的"艺术解体"论的概括是有实证材料的。他在《美学讲演录》中极少使用"终结"（Ende）一词，而较多使用"解体"（Auflösung）一词。《美学讲演录》全书是以喜剧告终的。他说，"到了喜剧的发展成熟阶段，我们现在也就达到了美学这门科学研究的终点"。何以然？根据他的"理念感性显现"说，理念的感性显现，经过了象征型、古典型、浪漫型三种艺术历史类型，在显现为各类艺术作品的"诗艺"时，经过史诗、抒情诗进入戏剧诗，在戏剧诗中又经过悲剧到达喜剧，"这是心灵和内心生活的艺术，其中主体性本身已达到了自由和绝对，自己以精神的方式进行活动，满足下它自己，……在喜剧里它把这种和解的消极方式（主体与客观世界的分裂）带到自己的意识里来。到了这个顶峰，喜剧就马上导致一般艺术的解体（Auflösung）"[1]。

国内外学界均有人将黑格尔的"艺术解体"论看成他对艺术发展前景的悲观态度。我不同意这种观点。

---

1 ［德］黑格尔：《美学》（第三卷下），第334页。

一、"艺术解体"论并不代表黑格尔对艺术前景的基本看法

事实上，在《美学》中，黑格尔从未明确宣布过艺术终将衰亡；恰恰相反，他倒是明确肯定过艺术发展的永无止境，对艺术的未来充满着乐观和信心。黑格尔说：

> 广大艺术之宫就是作为这种美的理念的外在实现而建立起来的。它的建筑师和匠人就是日渐自觉的美的心灵。但是要完成这个艺术之宫，世界史还要经过成千上万年的演进。[1]

这里没有一丝一毫艺术悲观主义的气味。值得注意的是，黑格尔在此把艺术的逻辑发展（理念在各历史类型和艺术门类中的显现过程）与艺术的实际的历史发展区分开来了。按逻辑发展，艺术应该有终点；按历史发展，艺术是无止境的。黑格尔这里虽没有坚持逻辑与历史的机械的统一，没有把艺术的历史发展实际硬塞进他那理念显现的逻辑框子里去，却从一个侧面反映了他的唯心体系与辩证法的矛盾，反映了在这个问题上他的历史方法对唯心主义美学体系的突破，也反映了他对艺术发展历史事实的尊重。这里不仅有体系与方法的矛盾，也有唯心与唯物的矛盾。尊重史实、突破体系，是黑格尔思想中唯物主义因素在起作用。我以为，紧紧抓住黑格尔美学体系与历史方法的矛盾，是理解他的"艺术解体"论的一把钥匙。

纵观洋洋百余万言的《美学》全书，黑格尔只是在进行"理念感性显现"的抽象的逻辑演绎时，才在一般意义上谈论"艺术解体"；而一旦进入艺术史的叙述或艺术家和作品的评析时，就几乎看不到"艺术解

---

[1] ［德］黑格尔：《美学》（第一卷），第114页。

体"一类字眼，更多的倒是对艺术发展充满信心的议论和预言。

　　黑格尔在论及当时德国古典现实主义和浪漫主义文艺时，以一种不加掩饰的肯定口吻说，"一种真正有生命的诗歌兴起来了——人们把天才的权利、天才的作品以及天才作品的效果捧出来，反对那些规则的专横和理论的空泛"，而"对于这些作品的承认首先就造成对于一种特别类型的艺术——即浪漫艺术——的承认，因此就有必要把美的概念和本质了解得比上述那些理论所了解得更深刻些"。[1] 这里，"那些理论"、"规则"是指企图给艺术创作制定标准、法则和开设方剂的做法；"浪漫主义"就是我们前边介绍过的第三种历史类型，与我们通常讲的作为创作方法或特定时代文艺思潮的浪漫主义含义不同。从逻辑上讲，他认为艺术发展到浪漫型阶段就要开始走下坡路，或者说精神就要超越艺术本身了。然而，他在这里却明明白白地承认：在德国浪漫型艺术正在"兴起"，有强大"生命"力，并为此要对艺术和美的概念做新的理解。这种新的理解包括些什么内容呢？主要是：

　　第一，近代浪漫型艺术极大地开拓了创作的题材领域。浪漫型艺术的内容，"不是范围有限的带有必然性的东西，而是偶然的现实事物，包括变化无穷的形状和关系，自然及其五光十彩的零散图景的交互辉映，人的日常动作和努力，自然需要和舒适生活的满足，偶然的习惯，态度，家庭生活的活动，公民社会的活动，总之，客观世界中的无穷的错综复杂的变化都可以用作内容"[2]。换句话，只要现实生活中有的，艺术就可以表现，"这个领域可以包括的题材范围是无穷的"[3]。所以近代浪漫型艺术作品"的确表现出最丰富多彩的变化最多的情境，事迹和结局"[4]。

1　[德]黑格尔：《美学》(第一卷)，第25—26页。
2　[德]黑格尔：《美学》(第二卷)，第366—367页。
3　同上，第366页。
4　[德]黑格尔：《美学》(第一卷)，第274页。

按照黑格尔的艺术理想,把这种杂多的、充满偶然性的现实生活内容作为题材,在逻辑上是不符合艺术的概念(本质)的。也就是说,浪漫型艺术实质上不是真正的艺术。黑格尔有时的确也这么说。但是这里,黑格尔却违反了自己的理念发展逻辑,反驳了说浪漫型艺术"不配称为艺术"的论调。他说,艺术有一根本重要的因素就是"主体方面构思和创作艺术作品的活动",即艺术家的主体性。浪漫型艺术尽管题材杂多,但以主体性为特征,能把主体生气灌注于所写的各种偶然对象之中,所以"不能拒绝称这类作品为艺术作品"[1]。这样,黑格尔实际上否定了他自己"体系"规定的浪漫型艺术由于精神主体性强而要超出艺术范围向宗教靠拢的主张,而承认浪漫型艺术仍是艺术领域内一种有生命力的历史类型,为浪漫型艺术正了名。

第二,浪漫型艺术是比古典型艺术有着更高的美的艺术。黑格尔一方面宣称古典型艺术是最符合"理想"的本质的,"是美的国度达到金瓯无缺的情况";另一方面又说浪漫型艺术是比古典型艺术"还更高的艺术",与浪漫型艺术相比,"古典理想的美,亦即形象最适合于内容的美,就不是最后的(最高的)(Letztes)美了",它"只能处于次要的地位",浪漫艺术的美是"精神的美",即"本身无限的精神的主体性的美"。[2] 如此说来,浪漫型艺术不仅不意味着艺术的衰落与危机,而且指示着艺术发展到了新的更高、更美的阶段。

黑格尔对古典型艺术的崇拜是众所周知的。然而,他那敏锐的、巨大的历史感却时时带领他避免跌入盲目崇古复古的泥潭,而把审美的目光转向近、现代浪漫型艺术,使他清醒地看到浪漫型艺术对古典型艺术的巨大的历史进步性。他说,"艺术只有在现阶段(按:指浪漫型艺术阶段)才获得更高的权利",去表现主体精神的自觉性,"具有活泼的内

---

1 [德]黑格尔:《美学》(第二卷),第367页。
2 同上,第274—275页。

心生活的实际的个别的主体才得到无限的价值","绝对真实界(按:指绝对精神)的永恒的因素才可以展开和集中起来",[1]换句话,才有更高的艺术价值。譬如他以典型的古典型艺术样式雕刻与浪漫型艺术样式绘画进行对比,指出古希腊人"在雕刻方面虽然达到无与伦比的美,在绘画方面却没有达到绘画在中世纪基督教时代特别是在十六七世纪所达到的那种高度发展","没有达到基督教艺术所表现的那种亲切而深刻的情感",正是这种亲切情感构成的精神内容"为绘画的高度完美开辟道路而且使这种高度完美成为必然的"。[2]他还认为,"艺术作为出自精神的造型活动在逐步前进"[3],而绘画是"雕刻向前发展所必然要迈进的一步"[4]。显然,他是把浪漫型艺术看成古典型艺术的必然发展,是历史的进步。又如黑格尔敏锐地看到小说艺术的强大生命力和无限广阔的前景,称小说为"近代市民阶级的史诗",说它"充分表现出丰富多彩的旨趣,情况,人物性格,生活状况乃至整个世界的广大背景";在现代资本主义异化、"散文化"的社会基地上,"在事迹生动方面和人物及其命运方面,力图恢复诗已丧失的权利";[5]小说在描写"现代民族生活和社会生活"方面"有最广阔天地"。[6]这些例子充分说明,黑格尔对浪漫型艺术乃至整个艺术发展的前景并不悲观。

第三,浪漫型艺术是适合近代社会发展条件的艺术。黑格尔艺术史观的合理内核是,认为艺术是时代的产物,一定的艺术形式同特定的时代、历史条件相联系,并受制于这些条件,虽然这里条件主要指思想、文化等精神条件而不是物质、经济条件。他所说的三种艺术历史类型的

---

1 [德]黑格尔:《美学》(第二卷),第277—278页。
2 [德]黑格尔:《美学》(第三卷上),第224—225页。
3 同上,第113页。
4 同上,第230页。
5 [德]黑格尔:《美学》(第三卷下),第167页。
6 同上,第187页。

更迭，就是不同时代不同世界观演进的结果。他说，"在过去时代，艺术家由于他所隶属的民族和时代，他所要表现的实体性的内容势必局限在一定的世界观以及其内容和表现形式的范围之内"[1]。如古典型艺术就是古希腊民族和时代精神哺育出的骄子。然而，现在，适合于古典型艺术的"情况却已完全改变过了"[2]，艺术也就不能不从古典型跨入浪漫型。

问题是，这种变化到底是进步还是倒退，是艺术的新生还是艺术的衰亡？黑格尔的回答是前者。因为首先，黑格尔虽然看到现代资本主义社会充满矛盾、问题和弊端，但也看到这是历史发展的必然趋势，因而明确"承认近代完全发达的市民政治生活情况的本质和发展是方便的而且符合理性的"[3]。既然现代社会是合理的，是历史的进步，那么在这合理社会的世界观制约下生成的近代浪漫艺术自然也是合理的、进步的了。其次，就艺术本身发展看，也需要不断前进、更新。黑格尔认为不应把这种新旧艺术形式的更替和改变看作"纯粹偶然的不幸事件"，因为"这种改变其实是艺术本身的活动和进步"，[4]是符合艺术自身的发展规律的。我们在此只看到黑格尔承认艺术进步的历史趋势，而看不到他鼓吹艺术衰亡论的迹象。

黑格尔对浪漫型艺术的前景充满信心的另一重要证据是，他要求浪漫型艺术处理素材时"要显示出当代精神现状"，不论是现实题材还是历史题材都不应例外。他"从历史和美学的观点"[5]出发，强调只有表现当代的时代精神，艺术才有旺盛的生命力。他说：

---

1 ［德］黑格尔：《美学》（第二卷），第 377 页。
2 同上，第 376—377 页。
3 ［德］黑格尔：《美学》（第一卷），第 248 页。
4 ［德］黑格尔：《美学》（第二卷），第 377 页。
5 同上，第 381 页。顺便说明一下，"历史和美学的观点"这一提法是黑格尔的首创，恩格斯在《德国诗歌、散文中的"真正的社会主义"》一文中和给拉萨尔的信《论〈济金根〉》中借用了黑格尔的提法，并提高到批评标准的高度。

不管是荷马和梭福克勒斯之类诗人，都已不可能出现在我们的时代里了，从前唱得那么美妙的和说得那么自由自在的东西都已唱过说过了。这些材料以及观照和理解这些材料的方式都已过时了。只有现在才是新鲜的，其余的都已陈腐，并且日趋陈腐。……一切材料，不管是从哪个民族和哪个时代来的，只有在成为活的现实中的组成部分，能深入人心，能使我们感觉到和认识到真理时，才有艺术的真实性。[1]

黑格尔说得何等好啊！诚然这里他也讲了古代伟大艺术的一去不复返，但他不是在唱挽歌，而是在唱喜歌；不是一味沉湎在对过去的怀念和对现在的埋怨中，而是立足现在，面向未来，主张抛弃过时的、陈旧的艺术形式，创造充满"当代精神"、为"活的现实"服务的、新鲜的艺术形式。

以上三方面，是黑格尔关于浪漫型艺术的新的理解，不同于他从"体系"直接推导出来"浪漫型艺术"的概念。后者是艺术发展到超越感性形式、否定自身、瓦解自身的衰亡阶段；前者则代表着艺术发展的一个新的更高的有着光辉未来的阶段。后者是维护"体系"完整的必要环节，前者则体现着历史方法、辩证方法的威力。黑格尔之所以能在历史类型和艺术门类发展的叙述中违反"体系"，放弃艺术衰亡、解体的武断结论，而承认当代浪漫型艺术广阔的发展前景，恰恰说明这是他内心深处的真实思想。所以，确切地说，"艺术解体"论并不代表黑格尔对艺术前途的基本看法，黑格尔不但是哲学上的乐观主义者，也是美学和艺术上的乐观主义者。

---

1 ［德］黑格尔：《美学》(第二卷)，第381页。

二、"艺术解体"论的真实内容

但是,"艺术解体"论又的确是黑格尔提出来的。在《美学》中,他多次说,历史发展到现在,精神已不满足于通过艺术的感性形式来显现自己,而要求回到精神自身,通过宗教、哲学等精神的更高发展形式来认识自己,因而导致艺术的解体。他说:

> 这样一个时期就是我们现在。我们尽管可以希望艺术还会蒸蒸日上,日趋于完善,但是艺术的形式已不复是心灵的最高需要了。我们尽管觉得希腊神像还很优美,天父、基督和玛利亚在艺术里也表现得很庄严完善,但是这都是徒然的,我们不再屈膝膜拜了。[1]

在谈到古典型艺术与浪漫型艺术的特点时,他说,古典型艺术是最美的,"没有什么比它更美,现在没有,将来也不会有"[2]。他认为美是理性内容与感性形象的完满无间的交融,古典型艺术就符合这个标准。浪漫型艺术则是理性内容超过了感性形象所能表现的限度,感性形象已不足以充分显现理性内容了,内容与形式的分裂导致美的消失。所以黑格尔说:"后起的浪漫艺术尽管还是艺术,却显出一种更高的不是艺术所能表现的意识形式。"[3] 内容与形式、精神与物质的进一步分裂,到了现在,浪漫型艺术也走到了发展的终点,于是,"艺术就否定了它自己,就显示出意识有必要找比艺术更高的形式去掌握真实"[4]。

以上就是黑格尔"艺术解体"论的基本内容,看起来似乎与我们前边介绍的论点恰好相反。但是,实际情况并非如此。这里的关键是如何

---

1 [德]黑格尔:《美学》(第一卷),第132页。
2 [德]黑格尔:《美学》(第二卷),第274页。
3 同上,第170页。
4 同上,第288页。

正确、全面地理解他的"艺术解体"论的真正含义。

我认为，首先应当把"艺术解体"论放到黑格尔整个哲学体系中来研究，才能准确地把握其精神实质。

黑格尔的全部哲学都是对绝对理念自运动、自发展、自认识的辩证过程的描述。当绝对理念经过纯逻辑阶段和自然阶段的遨游，进入精神（即人类社会）阶段后，又历经主观精神（个人意识）和客观精神（社会意识和政治法律等制度）阶段，来到了精神运动的最后也是最高阶段——绝对精神阶段。艺术、宗教、哲学就是这一阶段依次递进的三个发展形式。就这三种形式所反映的共同内容——绝对精神而言，艺术与宗教、哲学一样，都是属于同一层次的意识形式，都是精神发展的最高形式。正如黑格尔所说："艺术从事于真实的事物，即意识的绝对对象，所以它也属于心灵的绝对领域，因此它在内容上和专门意义的宗教以及和哲学都处在同一基础上"；它们之间的区别"只能从它们使对象，即绝对，呈现于意识的形式上见出"，[1] 即只能从它们认识绝对精神的不同方式上见出：艺术通过直接的感性形象的方式，宗教通过"表象的意识"的方式，哲学通过"绝对心灵自由思考"的方式。[2] 就这三种形式的精神性的强弱而言，它们又有着高低之分，有着从低级向高级发展、更迭的次序：运用感性形象的艺术精神性较弱，地位最低；运用表象形式的宗教亦未脱尽感性形态，地位次低；只有运用概念思考的哲学才最合精神本性，因而是最高级的意识形式。

黑格尔正是在精神必然要由低级向高级发展，艺术必然要向宗教、哲学演进、转化这样一个特定意义上来阐发"艺术解体"论的。他在论述这种发展和演进时提出了"较前"、"较后"这两个时间概念，然而主要地赋予它们以非时间的、逻辑的意义。他说："艺术在自然中和生

1　[德]黑格尔：《美学》（第一卷），第129页。
2　同上，第231页。

活的有限领域中有比它较前的一个阶段，也有比它较后的一个阶段，这就是说，也有超过以艺术方式去了解和表现绝对的一个阶段。因为艺术本身还有一种局限，因此要超越这局限而达到更高的认识形式"，这种"较后"的阶段就是宗教和哲学的形式，之所以有"后于艺术的阶段就在于心灵感到一种需要，要把它自己的内心生活看作体现真实的真正形式"[1]，看作对绝对精神的最充分、彻底的认识。这里，"较前"、"较后"并没有时间上或历史上先后的意义，而只有逻辑发展上先后次序的意义，与"较低级"、"较高级"意义相近。黑格尔在解释这个问题时，一方面说人们"现在"已不再把艺术看作体现真实的最高方式，一方面又说人类思想"很早"就反对艺术，还举了古代犹太人、穆斯林以至柏拉图等古希腊人为例，来证明"每个民族文化的进展一般都要达到艺术指向它本身以外的一个时期"[2]。这就说明，黑格尔并不是说艺术到现代才解体，才衰亡，才无前途，而是意在揭示精神从艺术向宗教、哲学发展的必然规律。所谓"艺术解体"也不是指艺术真的消亡了，而只是指在精神发展过程中艺术必然要被更高的意识形式取代，必然要向宗教、哲学演进这一趋势而言的。我们在前面引述的黑格尔关于艺术衰亡的那段话正是紧接着上述论述后说的。在这段话中，黑格尔只不过说人们已不满足于用艺术方式对绝对观照了，而并未否定今后"艺术还会蒸蒸日上，日趋于完善"的可能性。

另外，在黑格尔庞大的哲学体系中，艺术、宗教、哲学都有自己独特的历史发展过程。黑格尔认为三者是互相影响、互相渗透、**同时并存**、**同时**发展、同受一定时代的精神支配的意识形式，并不存在艺术衰亡后宗教再兴起、宗教衰亡后哲学才繁盛的情况。黑格尔说过，"一定的哲学形态与它所基以出现的一定的民族形态是同时并存的"，因此

---

[1] [德]黑格尔：《美学》（第一卷），第131页。
[2] 同上。

"与它所隶属的民族在艺术和科学方面的努力与创作,与这个民族的宗教……也是**同时并存**的"。[1] 他还把一个民族同时并存的各种意识形式比作"一个有机的结构———一个大教堂,这教堂有它的拱门、走道、多排圆柱和多间厅房以及许多部门,这一切都出于一个整体、一个目的",这就是时代精神,"时代精神是一个贯穿着所有各个文化部门的特定的本质或性格"。[2] 既然一定的艺术、宗教、哲学是从一个民族的特定时代精神这同一源头涌流出来的,所以三者是密切联系的,黑格尔说,各文化部门史,"特别是艺术和宗教的历史,部分地就它们所包含的成分,部分地就它们特有的对象说,都是与哲学的历史密切联系着的"[3],都是"时代的儿子"[4]。因此,黑格尔在《美学》中把古希腊艺术作为美的典范,而在《哲学史讲演录》中又把古希腊哲学视为人类思想史上的一个值得骄傲的阶段,并未把艺术与哲学分割开来或对立起来,更未把两者的繁荣看成有时间上的先后承续关系。由此可见,黑格尔的"艺术解体"论的实质是把艺术放在绝对精神层次中较低的发展阶段上,指出还有比艺术更高的认识绝对真理的形式,所谓"艺术解体",就意味着,绝对精神必然要向更高的阶段发展,而不是说艺术真的会衰亡、消逝。

还应看到,"艺术解体"论同黑格尔对艺术本质的理解有关。黑格尔说:"艺术理想的本质就在于这样使外在的事物还原到具有心灵性的事物,因而使外在的现象符合心灵,成为心灵的表现。"[5] 就是说,艺术的本质在于心灵性的理性内容与外在的感性形象恰相"符合"、水乳交融、完满统一。他认为,古典型艺术最符合艺术理想的本质,而浪漫型艺术

---

1 [德]黑格尔:《哲学史讲演录》(第一卷),第55页。
2 同上,第57—58页。
3 同上。
4 [德]黑格尔:《美学》(第二卷),第375页。
5 [德]黑格尔:《美学》(第一卷),第201页。

的"主要特征就在内在意义与外在形象的分裂"[1]，从而导致"艺术越出了它自己的界限"[2]，趋于"解体"。这里，"解体"、"越界"，是以古典型艺术的本质即艺术理想为标准、尺度来衡量的结果。黑格尔并未说，浪漫型艺术就不是艺术或完全丧失了艺术的特质，而是认为如果古典型艺术是标准的艺术，那么先于它的象征型艺术与后于它的浪漫型艺术都由于意义与形象（在不同方向上）的分裂而在某种意义上违反艺术的本质，从而具有某些非艺术的特征。而且，在他看来，浪漫型艺术的这种非艺术特征是对艺术本质的一种超越，是其与更高级的意识形式和认识方式之间的一座桥梁。但他始终认为，浪漫型艺术毕竟还是艺术，他并从创作主体角度为浪漫型艺术的艺术性辩护。在这个意义上来看待黑格尔的"艺术解体"论，同样得不出黑格尔对艺术前景悲观失望的结论。

总之，联系黑格尔的整个哲学、美学体系，黑格尔"艺术解体"论的真意在于揭示艺术同宗教、哲学之间的内在联系，阐明艺术在意识发展过程中的地位，并向更高级意识形式过渡的必然趋势，从而把人类各种意识形式都纳入包罗万象的哲学体系的逻辑序列之中，而不是真的做艺术"死亡"的判决；它主要从逻辑意义上肯定艺术"解体"的趋势，而不是做任何事实上的艺术末日来临的预言。如果持这种看法，那就可以同样认为黑格尔既然宣布自己的哲学体系是绝对精神发展的终点，就意味着他在宣布人类社会到1830年即告崩溃。而这，恐怕绝大多数人都会认为是荒谬的。

三、应当正确评价"艺术解体"论

我认为，黑格尔的"艺术解体"论不但不是悲观主义的，而且还包

---

1 ［德］黑格尔：《美学》（第二卷），第382页。
2 同上，第380页。

含若干积极的合理的因素。

首先,表现出他对那个时代即资本主义社会阻碍艺术发展的条件的批判态度。他不止一次提到,"我们现时代的一般情况是不利于艺术的"[1]。在现代世界情况中,"作为一个个人,不管他向哪一方转动,他都隶属于一种固定的社会秩序,显得不是这个社会本身的一种独立自足的既完整而又是个别的有生命的形象,而只是这个社会中的一个受局限的成员"[2],就是说,个人的"独立自足性丧失"了,受到"既已形成的法律、道德和政治的关系"[3]的束缚。黑格尔认为这种状况是不利于艺术发展的。这一见解具有强烈的对现存社会的批判色彩。马克思关于"资本主义生产就同某些精神生产部门如艺术和诗歌相敌对"[4]的论点显然受到黑格尔的启示。

在肯定"艺术解体"论主要是就逻辑发展的意义而言的前提下,我们也应当承认,这一论点同艺术发展的历史和现状并未完全脱节。黑格尔在展开"艺术解体"论时,心目中是时时悬着德国和欧洲的文艺现状的,他清醒地看到了文艺发展中某些不健康的倾向和浊流,某些低落和腐败的朕兆。正是在这点上,他的"艺术解体"论包含着积极的批判的成分。但是,就是在这里,黑格尔也未断言现代艺术已经"解体"或衰亡。当然他对现代艺术发展的前景不是很清楚,他尤其不可能看到无产阶级、社会主义艺术的灿烂未来,这是不待言的。在这点上,我们同意朱先生的看法。我们只是不同意因此而指责黑格尔认为资本主义艺术已趋于"解体",并进而推论黑格尔鼓吹全部人类艺术即将消亡的悲观论调。

---

1 [德]黑格尔:《美学》(第一卷),第14页。
2 同上,第247页。
3 同上,第246页。
4 《马克思恩格斯全集》(第二十六卷),中共中央马克思恩格斯列宁斯大林著作编译局,北京:人民出版社,1972年,第296页。

其次,"艺术解体"论也包含着对人类思维方式从感性趋向理性、从形象趋向抽象的历史发展过程的合理猜测。"艺术解体"论的重要内容之一,就是认为艺术用感性形象和想象的方式还有局限,还不是心灵"认识绝对理念的最高方式"[1],所以要被理智思考的宗教、哲学方式所取代。黑格尔认为,就人类的思维发展而言,"意识的感性形式对于人类是最早的,所以较早阶段的宗教是一种艺术及其感性表现的宗教"[2]。但这种感性方式的思维用以表现真理"还不是真正适合心灵的表现方式"[3],因而是较低级的思维方式。只是到了现代世界,人类进入了"宗教和理性文化"时代,思维方式也发展到更高阶段,"我们已经超越了奉艺术作品为神圣而对之崇拜的阶段","思考和反省已经比美的艺术飞得更高了"[4]。他说,艺术需要普遍性与个别感性事物融成一体的有生气的形象,而"当代整个精神文化的性质"却"偏重理智",往往只抓住普泛观点来应付个别情境。[5] 这种抽象思维方式是不利于艺术的,是与形象思维对立的。只是在这个意义上,"就它的最高的职能来说,艺术对于我们现代人已是过去的事了"[6]。由此可见,黑格尔把人类思维方式主要分成形象与抽象两种,而认为形象思维产生于人类早期,是那时人类的主要思维方式;而抽象思维产生较晚,是较高级的思维方式。两种思维方式长期并存,到了现代,抽象思维方式占了上风。这是"艺术解体"论在主体思维方面的根据。应当指出,断言当代人们以抽象思维为主,而认为形象思维已成为"过去",是黑格尔的主观武断。但是看到人类思维有从形象到抽象这样一个历史发展程序和趋势,则是合理的,符合实际

---

1 [德]黑格尔:《美学》(第一卷),第13页。
2 同上,第133页。
3 同上。
4 同上,第13页。
5 同上,第14页。
6 同上,第15页。

的。当然，抽象思维形成后并不排斥形象思维，对人类整体来说，这两种思维方式是互相依存、互为补充、缺一不可的。黑格尔对这一点认识不足，存在着一定的片面性。

再次，"艺术解体"论还包含着对现代文艺思潮发展趋势的某些天才预见。黑格尔在论述近代"浪漫型艺术的解体"时，在对当时出现的种种文艺创作倾向的剖析中，实际上已从大量萌芽状态的信息、动向中捕捉并预见到整个19世纪若干重要的文艺思潮的发展趋向，并对它们的特征给以相当准确的描述。譬如，在论及浪漫型艺术的第三阶段即"终结"阶段时，黑格尔指出，现在的艺术"满足于一般有限的、特殊事物和写生画式的风格。人要在他的现实世界里凭艺术把现实事物本身按照它们的本来生动具体的样子再造出来"[1]，而且这种再造不仅是外在形状的精确描摹，还要深入开掘人们的心灵世界，是"人向自己内心世界深刻化和精微化所达到的最后阶段"[2]。这简直是19世纪至20世纪初欧洲现实主义文艺思潮特征的简略而精确的概括。再如在"浪漫型艺术的解体"一节中，黑格尔说道："在浪漫型艺术的表现里，一切东西都有地位，一切生活领域和现象，无论是最伟大的还是最渺小的，是最高尚的还是最卑微的，是道德的还是不道德和丑恶的，都有它们的地位。"[3] 这里不仅讲的是题材问题，而且也在实际上概括了19世纪浪漫主义文艺思潮的某些基本特征。雨果在著名的浪漫主义宣言——《克伦威尔》序言中写道，近代浪漫主义诗艺"会感觉到万物中的一切并非都是合乎人情的美，感觉到丑就在美的旁边，畸形靠近着优美，粗俗藏在崇高的背后，恶与善并存，黑暗与光明相共。……正是在这个时候，诗着眼于既可笑又可怕的事件上……它将像自然一样行动，在它的创作中，把阴影

---

1 ［德］黑格尔：《美学》（第二卷），第340页。
2 同上，第341页。
3 同上，第365页。

掺入光明，把粗俗结合崇高而又不使它们相混"，这就是区别于古典主义文学的"浪漫主义"新原则。[1] 请看，雨果的说法与黑格尔何其相似！这恰恰说明黑格尔对浪漫主义特点的准确把握和预感。又如在论理想与自然的关系时，黑格尔强调了对"自然"（现实生活）提炼、改造的必要性，而批评了"妙肖自然"、满足于对自然面貌不分巨细的忠实描写的倾向，他认为诗中的"自然"与"妙肖自然"的"自然"是"直接对立的"，"诗所应提炼出来的永远是有力量的，本质的，显出特征的东西"，而"妙肖自然"则只是"把每件事或每个场合中现在目前的东西按其细节一一罗列出来，这就必然是干燥乏味，令人厌倦，不可容忍的"。[2] 这不是对后来出现的自然主义方法的极为准确有力的批评吗？还如他对德国浪漫派消极的方面进行了严厉批评，他说浪漫派作家"对人生缺乏兴趣，在现实面前怯懦，以至于堕入精神上的痨病"；其作品不但否认空虚的东西，也否认"卓越的有价值的东西"，走向"否定一切"的虚无主义；[3] 它们充满作者的主观性，完全不顾客观现实，主体"放任自己的偶然的意念和戏谑，听其在迷离恍惚中恣意横行，故意把不伦不类的东西很离奇地结合在一起"[4]。这些描述，简直完全适用于西方现代派中主观的、非理性主义的艺术潮流。就连他对整个艺术发展用精神性、主体性日趋加强这样一条线索来概括，亦不是毫无道理的。事实上，西方文艺在19世纪前，模仿或再现占主导地位，19世纪下半叶，特别是20世纪以来，主观精神的表现逐渐占了上风，整个西方现代派文艺都是反对再现，而主张表现的。德国表现主义作家、美学家就公然宣称："世界存在着，再去重复它就没有意思。"他们提出了"不是现实，而是精神"的

---

1 伍蠡甫等编：《西方文论选》（下），上海：上海译文出版社，1979年，第183页。
2 ［德］黑格尔：《美学》（第一卷），第213—214页。
3 同上，第205页。
4 ［德］黑格尔：《美学》（第二卷），第365页。

口号。就这点而言,黑格尔的观点同艺术发展的现实趋向有某种程度奇妙的吻合。而况现代派文学的反传统倾向,诸如"反小说"、"反戏剧"之类"实验",不也从特定角度印证了黑格尔的"艺术解体"论吗?

以上种种描述,显示黑格尔对未来艺术发展趋向的天才预测。他把这些现状看成是违反艺术特征的,看成艺术衰颓的一种征候(不一定是永远衰颓乃至消亡)。这个看法与歌德不谋而合。歌德说过:"一切事物都衰退下去的时代是主观的,反之,一切事物都在进步的时代却是有客观的倾向的。现在什么都在退步,因为是主观的。这种倾向,不但在文学上,就是绘画及其他许多事物上都可以见到。"[1] 歌德同黑格尔一样对德国浪漫派持批评态度。歌德认为当时是艺术衰退的时代,黑格尔也这么看。

毋庸讳言,"艺术解体"论作为黑格尔整个美学体系的一个重要环节或终结,是唯心主义的。但是,如上所述,第一,它不是艺术的悲观主义观点,相反,它基本上是乐观主义的;第二,它还包含一些积极的、合理的成分;第三,它反映了黑格尔美学思想的内在矛盾。因此,我们应实事求是地给予具体分析,而不应笼统地加以否定。

(写于 1985 年,
收录于 1986 年出版的《黑格尔美学论稿》[上海:复旦大学出版社])

---

[1] 段宝林编著:《西方古典作家谈文艺创作》,沈阳:春风文艺出版社,1980 年,第 151 页。

再论所谓黑格尔的"艺术解体"论

所谓的黑格尔的"艺术解体"论，历来是国内外美学界有争议的问题。主流的意见认为黑格尔从他的哲学体系出发，也从他对当时的艺术发展实际的认知出发，提出了艺术面临"解体"的危险，未来的艺术已日暮途穷、奄奄一息，即将为作为绝对精神的更高形式的宗教、哲学所取代的观点。因此，结论只能是，黑格尔对艺术发展的前景持悲观主义的态度。国内持这种观点的主要代表为黑格尔《美学》译者朱光潜先生，他说，"黑格尔虽不曾明说艺术终将灭亡，但他对于艺术的未来是极其悲观的"，他发出的是"替艺术唱挽歌的声调"，实际上"把艺术导致死胡同里"；朱先生并进而认为黑格尔"从资产阶级文艺的解体就断定文艺本身也就必然解体"的观点是"艺术发展之有止境"论，并批评这是"荒谬的悲观的论调"。[1]

笔者早在十多年前就曾撰文与朱光潜先生的上述观点商榷，其主要内容已收入拙著《黑格尔美学论稿》中了。[2] 可惜十多年来，学术界对此并未引起注意。认为黑格尔的"艺术解体"论是典型的艺术悲观主义，

---

1 朱光潜:《美学》译后记，载［德］黑格尔:《美学》(第三卷下)，第350—353页。
2 参见朱立元:《黑格尔美学论稿》第十七章，上海：复旦大学出版社，1986年。

几乎成了众口一词的铁定的看法,在美学界占了绝对优势。这是令人遗憾的。我以为,在这个问题上,黑格尔蒙受了不白之冤,需要为他洗刷这一不实的罪名,还他以历史的本来面目。

笔者十多年前对黑格尔的"艺术解体"论主要从将逻辑与历史加以区分的角度做了阐释,认为其"艺术解体"论主要是由体系的逻辑需要而提出的,同时,也表明了他对当时资产阶级艺术走向颓败趋势的批判态度与某种预测;但是,第一,他并未一般地断言艺术将在历史上消亡或解体,第二,笔者引证了《美学》中他关于"艺术之宫"的营建,"世界史还要经过成千上万年的演进"[1]的话,以及他肯定浪漫型艺术的进步和对其前景充满信心的许多材料,证明"艺术解体"论并不代表黑格尔对艺术前途的基本看法,他这方面的真正看法主要体现在他对艺术史,特别是对当时的浪漫型艺术的看法中。本文不再重复上述观点和材料,主要拟从黑格尔对他同时代艺术的特殊论述中进一步证明他对艺术发展前景的乐观主义态度。

让我们先来看看黑格尔下面这段也许并没有引起太多重视的话:

在过去时代,艺术家由于他所隶属的民族和时代,他所要表现实体性的内容势必局限在一定的世界观以及其内容和表现形式的范围之内,现在我们发现到一种与此相反的局面,这种局面只有在最近才达到完满的发展,才获得它的重要性。在我们这个时代里各民族都获得了思考和批判的教养,而在我们德国人中间,连艺术家们也受到自由思想的影响,这就使得这些艺术家们在创作时发现材料(内容)和形式都变成"一张白纸"(tabula rasa),特别是在浪漫型艺术所必有的各阶段都已走完了之后。限制在一种特殊的内容和一

---

[1] [德]黑格尔:《美学》(第一卷),第114页。

种适合于这内容的表现方式上面的做法对于今天的艺术家们是已经过去的事了，艺术因此变成一种自由的工具了，不管是哪一种内容，艺术都一样可以按照创作主体方面的技能娴熟的程度来处理。这样，艺术家就可以超然站在一些既定的受到崇敬的形式和表现方式之上，自由独立地行动，不受过去意识所奉为神圣永恒的那些内容意蕴和观照方式的约束。任何内容，任何形式都是一样，都能用来表达艺术家的内心生活，自然本性，和不自觉的实体性的本质；艺术家对于任何一种内容都不分彼此，只要它不违反一般美和艺术处理的形式方面的规律。[1]

对这一段话，我想至少有以下几点值得重视：

第一，黑格尔把他那个时代的当代艺术与"过去时代"的艺术做了明确的区分，认为当代艺术与"过去时代"的艺术相比，出现了"相反的局面"，而这种当代艺术出现的条件，只是"最近才达到完满的发展"的。

第二，而黑格尔所谓"过去时代"的艺术，实际上就是包括象征型、古典型、浪漫型三种历史类型的艺术在内的全部艺术史或全部历史上的艺术。就是说，过去我们理解的他那个时代的艺术也属浪漫型艺术，而这里，黑格尔已改变说法，把当代艺术排除在浪漫型艺术之外了，他明确说到当代艺术出现"在浪漫型艺术所必有的各阶段都已走完了之后"。换言之，他认为，三种历史类型到他那个时代已告终结，按"理念感性显现"的那个逻辑来看，艺术似乎应该"解体"了，但是，他却认为在三个历史类型走完之后，艺术又走向一个全新的发展时期，或者说，出现了一种不同于象征、古典、浪漫等三种"过去时代"艺术

---

[1] ［德］黑格尔：《美学》（第二卷），第377—378页。

的新的艺术类型、一个新的艺术发展阶段。

第三，这种新的艺术类型或发展阶段，同黑格尔原先确定的艺术本质及艺术的实体性内容和相应的艺术形式的关系相比，发生了重要变化。黑格尔在概括"过去时代"艺术的本质和标准时指出，"一直到现在，我们的研究对象都是艺术，而艺术的基础就是意义与形象的统一，也包括艺术家的主体性和他的内容意义与作品的统一。正是这种具体的统一才可以向内容及其表现形式提供实体性的、贯串到一切作品中去的标准"[1]。这就是说，在"过去时代"里，无论哪一种历史类型的艺术，都在不同程度上体现了意义（内容）与形象（形式）、艺术家主体性与作品对象的统一。具体来说，"艺术的内容对于艺术家应该是他的意识中实体性的东西，或最内在的真实，而且使他认识到须用某一种表现方式的必然性"，这样，艺术家的"主体性就完全渗透到客体（对象）里"，艺术的意义和形象、内容与形式就能达到较高的统一，"这就是艺术完整的基本条件"。[2] 但是，黑格尔又明确指出，这只是"过去时代"艺术发展的情况，因为"在我们给艺术在它的这段发展过程中所定的地位中，情况却已完全改变过了"[3]。这就是说，在"当代"（黑格尔那个时代），情况已发生重要变化，因此，上述艺术的基本标准和条件，对"过去时代"（三种历史类型）的艺术是适应的，在变化了的新时代条件下却不完全适用了。

第四，这种新的变化集中体现在"当代"艺术已摆脱了"过去时代"艺术所受的特定的实体性内容与相应的表现形式的限制和束缚，而趋向于自由的表现。这是由于：（1）从客观方面看，"过去时代"的三种历史类型却"局限在一定的世界观以及其内容和表现形式的范围之

---

1 ［德］黑格尔：《美学》（第二卷），第374—375页。
2 同上，第376—377页。
3 同上。

内",但是到了"当代",浪漫型"艺术把它的概念中所含的基本的世界观以及属于这种世界观的内容范围却已从四面八方表现得很清楚了,那么,对于某一民族和某一时代来说,艺术就已摆脱了这种确定的内容意蕴了"[1],艺术就会不受这种确定内容的限制而走向自由了;(2)从主观方面看,"在我们这个时代里各民族却获得了思考和批判的教养,而在我们德国人中间,连艺术家们也受到了自由思想的影响",因此,当代艺术家以自由的态度对待艺术创作,不受特定内容与形式的束缚。由于上述两方面的原因,"限制在一种特殊内容和一种适合于这内容的表现方式上面的做法对于今天的艺术家们是已经过去的事了,艺术因此变成一种自由的工具了"。当代艺术家已可以超越特定内容与形式的约束,用任何内容与形式自由地表达自己的内心生活和不自觉的实体性内容。

第五,艺术的这一新的阶段式类型,我们可借用苏联著名美学家奥夫相尼科夫的概括,称之为"自由的艺术",这就是"从浪漫型艺术解体而产生的所谓自由的艺术"。在奥氏看来,黑格尔虽认为在现代,艺术在社会生活中的作用会缩小了,艺术要越出自己的界限(意义与形象的统一),但是,这"并不等于艺术完全消失了,而只是改变了艺术的对象、艺术的内容。它摆脱了原先的历史材料、传统的神话题材和情节。人的内心生活,他的快乐和痛苦,他的追求、行为和命运,都成了艺术的内容。因此,艺术变成为个人生活的表现"。[2] 我基本上同意奥夫相尼科夫的看法。首先,黑格尔实际上已把自由艺术列为三种历史类型走完之后的又一种新的艺术类型或发展阶段;其次,自由艺术虽同过去时代的艺术在内容与形式及其统一上大不相同,甚至可以说对原有艺术的本质、基础(意义与形象、内容与形式、主体与客体的统一)有所突破或超越,但它终究还是艺术,不过在黑格尔看来是艺术的一种新类

---

[1] [德]黑格尔:《美学》(第二卷),第376—377页。
[2] [苏]奥夫相尼科夫:《美学思想史》,第357页。

型、新发展阶段；再次，这种自由的艺术不再拘泥于时代特定的实体性内容，而重点表现个人心灵和生活，同时，不再受既定形式的限制，而要创造适合于心灵自由表现的形式；又次，这种自由的艺术照样能产生伟大的艺术家和伟大的作品，黑格尔强调，"特别是现代的大艺术家"要表现"他的伟大的自由的心灵"，"要有精神的自由发展，才能不受只用某些既定的观照方式和表现方式的迷信和成见之类因素所束缚，而是把它们降低到自由心灵所能驾御的因素，……他要按照内容的需要把这些因素加以改造之后才放到作品里去"。[1] 由此可见，在黑格尔那里，到了三种艺术历史类型走完之后，一般艺术在逻辑上应超越自己而"解体"了，但事实上，艺术不但没有消亡，反而出现了一种新的类型即"自由的艺术"，这是浪漫型艺术或一般艺术走完之后出现的新艺术类型，它代表着艺术发展的一个新阶段。而且，这一新阶段也会涌现它自己的伟大艺术家和艺术作品。显然，这是黑格尔对他在绝对精神运动过程中艺术将要为宗教、哲学所取代的逻辑发展趋势和预设框架的自觉突破，体现出他尊重历史实际而不惜违背自己体系框架的实事求是态度，即唯物主义态度。

第六，黑格尔对当代艺术发展的这种新态势，不仅给予承认，而且认为体现了历史的进步和必然性。他旗帜鲜明地指出："不过我们不应把这种改变看作是由时代的贫困、散文的意识以及重要旨趣的缺乏之类影响替艺术所带来的一种纯粹偶然的不幸事件；这种改变其实是艺术本身的活动和进步，艺术既然要把它本身所固有的材料化为对象以供感性观照，它在前进道路中的每一步都有助于使它自己从所表现的内容中解放出来。"[2] 不但内容，形式亦然。黑格尔还说，"艺术家的才能既然从过去某一既定的艺术形式的局限中解放出来而独立自由了，他就可以使任

---

[1] ［德］黑格尔：《美学》(第二卷)，第379页。
[2] 同上，第377页。

何形式和材料都听他随心所欲地指使和调度了"[1]。很明显，黑格尔认为三种历史类型艺术的终结和自由艺术的出现并非偶然的，而是有其必然性的；并非不幸之事，而是历史的进步；艺术的这种进步，体现于它在用感性形式表现特定内容的历史过程中，不断趋向于超越既定内容和形式的束缚而"解放出来"，获得越来越多的心灵自由。对当代自由艺术的崛起，及其取代浪漫型艺术乃至整个"过去时代"的艺术的现实，黑格尔显然是取欢迎、赞成和支持态度的。

由上面分析可知，黑格尔不但没有把浪漫型艺术看成艺术在历史上的终结，从而真的认为艺术要解体消亡了；相反，他从当代艺术的现实发展中，看到了一种新的艺术类型即"自由的艺术"的诞生。一方面，他认为就意义与形象统一这一"过去时代"艺术的本质规定而言，到浪漫型艺术的末期，精神性与外在形象重新分裂，艺术确要超越自己而解体了；但另一方面，他又敢于正视现实，承认另一种不同于"过去时代"艺术的本质的艺术正在崛起并欣欣向荣。换言之，他看到了传统意义上的艺术正在越出自己的界限，但同时新的意义上的艺术之花又不断开放，艺术长河并未中断，而是继续向前奔腾。黑格尔这里不存在丝毫的艺术悲观主义，而是对艺术的未来充满乐观与希望。这一点从他对当代新的自由艺术的具体分析中可以看得更加清楚。

黑格尔虽谈到，浪漫型艺术到了"幽默"阶段"使艺术越出了它自己的界限"；但他同时指出，又出现了更好地展示人类心灵和"普遍人性"的新的自由艺术，"艺术在越出自己的界限之中，同时也显出人回到他自己、深入到他自己的心胸，从而摆脱了某一种既定内容和掌握方式范围的严格局限，使人成为它的新神，所谓'人'是人类心灵的深刻高尚的品质，在欢乐和哀伤、希求、行动和命运中所见出的普遍人性，

---

[1] [德]黑格尔：《美学》（第二卷），第379页。

从此艺术家从他本身上得到他的艺术内容,他变成实际上自己确定自己的人类精神,对自己的情感和情境的无限方面进行观察、思索和表达,凡是可以在人类心胸中活跃的东西对于这种人类精神都不是生疏的……内容和表现的形象都听命于艺术家的随意任意性的创造活动,——任何旨趣都不会被排除掉,因为艺术现在所要表现的不再是在它的某一发展阶段中被认为绝对的东西,而是一切可以使一般人都感到亲切的东西"[1]。这种自由的艺术主要特征是,艺术家通过自己创造来自由地支配内容与形式,同时能充分体现"使一般人都感到亲切"的人类精神和普遍人性。这样,这种艺术表现的对象、题材和范围就得到了极大的拓展,人类日常生活的一切方面都可以进入艺术的视野,而不再受特定时代体现绝对精神的实体性内容的局限。

其次,这种艺术的自由性还表现在对素材的处理方式上要具有当代性,服从当代精神。黑格尔说,"面对着这样广阔和丰富多彩的材料,首先就要提出一个要求:处理材料的方式一般也要显示出当代精神现状"[2]。这里,黑格尔强调要用"当代精神"的方式去处理文艺的一切题材,文艺才有生气,而不能死抱住传统过时的东西不放。他虽然始终倾心、崇拜古希腊的古典型艺术,但他同时清楚地意识到在新的时代里这一切都一去不复返了,"不管是荷马和梭福克勒斯之类诗人,都已不可能出现在我们的时代里了,从前唱得那么美妙的和说得那么自由自在的东西都已唱过说过了。……只有现在才是新鲜的,其余的都已陈腐,并且日趋陈腐"[3]。这是极其鲜明地肯定"现在",强调当代精神,显示出对艺术前景乐观放达的态度,充满着历史的辩证法。所谓用"当代精神"处理艺术素材,实际上就是用当代普遍人性的观点处理材料,将其纳入

---

[1] [德]黑格尔:《美学》(第二卷),第380—381页。

[2] 同上,第381页。

[3] 同上,第380—381页。

当今的活生生的现实之中。黑格尔精辟地指出：

> ……一切材料，不管是从哪个民族和哪个时代来的，只有在成为活的现实中的组成部分，能深入人心，能使我们感觉到和认识到真理时，才有艺术的真实性。正是不朽的人性在它的多方面意义和无限转变中的显现和起作用，正是这种人类情境和情感的宝藏，才可以形成我们今天艺术的绝对的内容意蕴。[1]

在这段话中，黑格尔（1）解释了用"当代精神"处理一切材料的意思，就是要把无论何时何地的材料转变为当代"活的现实"的一部分，纳入现实生活中来；（2）认为要实现这种材料的当代的转换，关键在于注入普遍的人性，即用普遍人性的眼光来改造、加工艺术素材；（3）提出体现普遍人性的种种人类情境和情感乃是当代艺术的"绝对"内容，如果说"过去时代"的艺术是把显现理念作为"绝对"内容的话，那么，当代艺术则把理念人性化、人情化了，把人的心灵情感和生活提高到"绝对"的地位上了；（4）认为只有这种表现人性从而使人们认识真理（理念）的艺术才有"真实性"。这样，黑格尔就为当代新的自由艺术的存在与发展找到了理论根据。如前所述，他把"过去时代"的艺术定位于理念与感性形式（形象）之间的不同程度和方式的统一中，艺术通过感性形式来观照、认识、显现"绝对理念"或"绝对心灵"，"用感性形象化的方式把真实呈现于意识"[2]；而这种显现体现于历史实践中，则走过了理念对形象"始而追求，继而到达，终于超越"[3]的历程，这也正是从象征型经古典型到浪漫型的艺术历史。而现在，浪漫型

---

1 [德]黑格尔：《美学》(第二卷)，第381页。
2 [德]黑格尔：《美学》(第一卷)，第129—130页。
3 同上。

艺术已走完，原来意义上的艺术已超越自身走向解体。但黑格尔却丝毫不顾自己美学体系的完整性，勇敢地承认和面对现实，他不因为浪漫型艺术的"终结"而宣布一般艺术的"终结"，相反，他对当代艺术的新形态及时、敏锐地做了理论上的总结与概括，提出在浪漫型艺术之后出现了当代的自由艺术，并通过与"过去时代"艺术的比较对其特征做了深刻准确的分析和描述，特别是把当代以表现普遍人性为内容的艺术同样上升到表现绝对、认识真理的地位上，这就为"过去时代"的艺术越出自由界限之后的当代自由艺术找到了显现理念的哲学依据，从而在实际上从理论上否定了他自己的"艺术解体"的说法，为艺术的继续向前发展打开了无限广阔的历史通道。

综上所述，我认为，如果我们对黑格尔的"艺术解体"论不拘泥于字面上和表面上的理解，而联系他对浪漫型艺术之后的当代自由艺术论述的话，那么是绝对得不出黑格尔对艺术前景持悲观主义态度的结论，而只能得出他对艺术前途充满乐观的相反结论。

（发表于《文艺理论研究》1997年第4期）

艺术·哲学·阐释

——读阿瑟·丹托的《艺术的终结》

（与何林军合撰）

在新千年的开端，周宪、许钧主持推出了"终结者译丛"，这一饶有意味的事件似乎在宣告：文化的巨变终于如期来临。当然，事实是它早就露出了端倪，从20世纪60年代（甚至更早）起，西方种种"终结"理论陆续登场。美国学者阿瑟·丹托的《艺术的终结》[1]仅仅只是其中的一种。该书由九篇独立的论文集合而成，大部分发表于20世纪80年代，主要围绕艺术和哲学、艺术和阐释以及艺术和历史意识等主题而展开，其目的是要表明：我们已进入一个后历史时期，对艺术不断自我革命的需求现已消失，艺术终结于辉煌，又将踏上稳定、平庸、丧失历史方向的未来之路。总的来看，书中有偏颇之处，有老生常谈，同时也不乏新知独见。下面简略评述一下丹托的三个主题。

（一）艺术和哲学。在丹托看来，这二者的关系史就是不断搏斗的历史。艺术史的既有模式是：艺术在前一阶段抛弃哲学，艺术是无功利

---

[1] ［美］丹托：《艺术的终结》，欧阳英译，南京：江苏人民出版社，2001年。除特别注明外，所引均为该版本。

的快感从而造成其短暂化；又在后一阶段接收哲学，要求哲学成为它实体的部分，完成了一幅黑格尔思想的插图。这两个阶段就是两次方向相反的柏拉图式的哲学对艺术的剥夺（侵犯）。第一次，从理念本体论出发，将艺术合乎逻辑地排除出哲学领地，艺术"加倍地偏离了哲学所强调的实在"，成为无用之物和哲学的敌人。[1] 第二次，则以理性的暴力框范艺术，艺术通过自身的哲学自觉达到终结。丹托提出，柏拉图政治性的艺术理论将艺术家逐出"理想国"和"实在"，是对艺术"无能的十分有效的隐喻"[2]。清理艺术无能和非功利说的历史线索，康德、叔本华、布洛（Edward Bullongh）等人也都赫然在目。而现在，哲学与艺术似乎有了一种完全不同的关系，从远处向艺术致意的哲学似乎已不知不觉地成为艺术界的一部分。丹托多次举杜尚（书中译作"杜桑"）最著名的现代艺术作品《泉》——一个外观上的男用小便池为例。它作为艺术现实，不在于日常性、曲线变化或耀眼的白，而恰恰在于它的文化特性和道德特征，在于它的高度性别化和排他性以及"傲慢的展览姿态"。丹托认为，这一"问题作品"因此具有了哲学形式。

同理，现代艺术（譬如概念艺术、行为艺术等）大多成了形式生动的哲学。由于这一结局，艺术终结了。这从杜尚又回到了黑格尔。在黑格尔的精神发展史中，"艺术是一个阶段，哲学则是另一个。而艺术的历史使命就是使哲学成为可能"[3]。艺术成为哲学就是艺术的终结。这样的终结令人怀念，因为它终结于成熟期，"最为光彩焕发时刻的艺术，完全是作为一个历史阶段而结束的"[4]。当然，艺术可能，或许还必定会以无法预测的方式产生，以无从理解的方式被人们欣赏，成为所谓的缺乏历

---

[1] ［美］丹托：《艺术的终结》，第5页。
[2] 同上，第6页。
[3] 同上，第15页。
[4] 同上，第77页。

史重要性或意义的"后历史的艺术",而人们长久期待的艺术的重要性正建立在它使艺术哲学成为可能。丹托又通过对再现艺术和表现艺术的解读,尤其是对绘画史的具体解读,说明了具有连续性的再现艺术的历史是不断进步的线性历史,可能终结于某一时刻;而富有主观性的表现艺术则是非连续性的,"决无某种可以推测的未来"[1]。

这里体现了丹托对现代艺术的矛盾态度:他一方面从哲学上钦佩它们,也赞成日常生活的艺术化,另一方面又对它们疏离甚至反感,把包藏破坏欲望的艺术发展趋向看作是令人感伤的"文化之熵",认为沉闷的艺术界"全都处在反对设想一种有意义的、甚至是辉煌的未来的立场上"[2]。他尤其对20世纪艺术界风行一时的丑化倾向提出质疑,批评丑化是过于消极的姿态。如果艺术"为逃避美学的奴役,根本没必要成为丑的"[3]。丹托的观点是深刻的,当然也有明显的怀旧情感以及对于艺术未来保守和悲观的估计。

(二)艺术和阐释。丹托秉承现代阐释学理论,提出了他自己所说的具有建构性和哲学精神的阐释观。阐释对作品具有本体论意义,因为在阐释之前,作品身份是不确定的,正是阐释决定了文本的身份。文学作品只有在阐释之际才成为具有现实性的真正文本。因此,阐释是作品的要素,在此意义上,不存在没有阐释的作品。"作品与阐释一起在美学意识中出现"[4]。这是阐释的重要功能之一。此外,它也决定欣赏,"在阐释有结果之前,欣赏是悬而未决的问题"[5]。阐释的特点之一是相对性。它受到趣味的影响,而趣味,"作为概念之真的问题,是相对的"[6]。

---

[1] [美]丹托:《艺术的终结》,第94页。
[2] 同上,第77页。
[3] 同上,第13页。
[4] 同上,第42页。
[5] 同上,第32页。
[6] 同上,第35页。

这样，经阐释而成的艺术品也就具有相对性。这也表明：阐释没有对与错之分。日常实物闯入艺术界，其中有阐释的功劳，许多惊世骇俗的现代艺术因此而合法化。其次，阐释是有限度的。并非每件艺术品都是经由阐释的现成的实物变来的。阐释对于某些强行进入艺术界的作品是无力的。这实际表明丹托在面对某些现代艺术时的困惑甚至反感。阐释也受到语境、文化、艺术家在世界的位置、他生活的时空以及他能有的体验等因素的制约。在此意义上，艺术只是"半透明的对象"；这也说明阐释是必要的，甚至没有终点。那么，阐释的逻辑又是什么呢？丹托认为首要的是艺术身份的鉴定。这是阐释的起点，决定着实物哪些性质和部分可以成为艺术品的成分并在艺术品中具有何种意义。他举例说，杜尚胡涂乱画的签名会损害男用小便器的美观，却未必损害作品本身，因为它正是作品的一部分。"那归在阐释之列的只是那合法等待解释的东西"[1]。

阐释分为表层阐释和深层阐释。表层阐释依赖作家、作品等外在权威，严格依照历史顺序进行。它完成之时就是深层阐释发生之际。后者就是那种"探寻支持文化外观的结构和它的不同象征形式所表达事物的阐释形式"[2]。它总是越过作品关注别的东西，并不参照艺术家的外在权威，其任务就是显明"隐藏在世界中的世界"[3]。利科（Paul Ricoeur）说，"说出的东西超出其所说的"[4]。深层阐释就是传达"神示"般的这些东西，揭示隐身于艺术家说出的 a 后面的 b。这里，丹托其实涉及了"形象大于思想"这一艺术常识。

（三）艺术与历史意识。丹托是结合他的阐释观和达尔文进化论等

---

1 [美]丹托：《艺术的终结》，第 38 页。
2 同上，第 185 页。
3 同上，第 56 页。
4 同上，第 49 页。

来谈艺术的历史意识的,并进而从哲学视角分析了艺术终结的历史必然性和不同模式。艺术在历史中出场,它的存在是历史性的。丹托说,"对艺术品身份至关重要的因素之一就是艺术的历史地位"[1]。处于不同历史时期的实物作为艺术品会极为不同,它们有着不同的结构和意义并引起不同的反响,阐释就受到这种历史可能性的制约。简言之,历史由于与阐释密不可分,也就与艺术密不可分。甚至艺术的创作方式也是历史性的,譬如从艺术是模仿来说,模仿就有历史,正如贡布里希所说的,使模仿的历史成为可能的道路是漫长的,画出的葡萄诱使鸟去啄它的精妙模仿程度绝非一朝一夕可以达到。[2] 丹托接受黑格尔艺术史观从而提出:艺术作为人类进化手段的力量,丝毫没发生在遗传学层面上,而只是发生在思想层面上。艺术通过其自身的内部发展而促使人类思想的内部发展。在这发生之际,也就是说,在艺术本身的和艺术带来的历史意识转变之际,人们就再不会把艺术看成以往被认为的那种样子,这就是艺术的一种终结形式。在此可以说,艺术从前现代向现代、现代向后现代的转向都可以说是终结的不同模式。当然,终结的意义有霄壤之别。竞争是达尔文进化论的原则,偏偏艺术家和唯美主义者都不适应广泛的竞争,依照柏拉图等人的理论推演,艺术也不适应。但或许正由于艺术的"无用之用",它才得以处于竞争之外而留存下来,并似乎具有了DNA式的遗传因子和进化结构,从而成为人类未来进化中虽非首先却是最高级的手段,因为艺术"揭示更高的真实",并使一种最终的哲学成为可能。[3] 在这里,话题最终又回到了他的中心主题——艺术的终结上面来了。

该书各章虽独立成篇,却具有紧密的内在逻辑关联,即自始至终都

---

[1] [美]丹托:《艺术的终结》,第3页。

[2] 同上,第181页。

[3] 同上,第190—192页。

是从哲学的高度，扣住艺术发展的历史维度，并结合现代阐释学理论，企图建立一种丹托本人所说的"艺术哲学"，说明了艺术终结的必然性和终结方式的多样性。在留恋古典的同时，丹托的艺术立场基本上又主要是现代的，其艺术哲学的主旨是关注和描述现代艺术的总体状况及其历史发展趋向。在丹托看来，这种状况不太令人满意，这种趋向也不明朗。所以总的可以说，丹托在该书中流露了对艺术终结的感伤情绪并对艺术的未来做出了悲观的估计。

（发表于《博览群书》2002年第5期）

艺术终结论·浪漫型艺术

——关于黑格尔美学相关问题的对谈

（与克劳斯·费维克的对话）

一

朱立元：费维克教授，您好！非常高兴能与您就黑格尔美学和一些美学基本问题展开交流。首先，我想向您请教一个翻译的问题。这个翻译，源于在中国大名鼎鼎的黑格尔的"艺术终结"论。对于黑格尔的"艺术终结"论，在中国美学界争议很大。主流的意见认为，黑格尔从他自己的哲学体系出发，也从他对当时的艺术发展实际出发，提出了艺术面临解体的危险，未来的艺术已日暮途穷、奄奄一息，即将为绝对精神的更高形式宗教、哲学所取代。"终结"论表明，黑格尔对艺术发展的前景持悲观主义的态度。与"终结"所对应的德语词是"Ende"。在汉语语境中，它被笼统地表述成"终结"，但我自己以及通过我的博士生徐贤樑一起查阅相关文本发现，在德语版的黑格尔《美学讲演录》（苏尔坎普出版社版）中，黑格尔使用"Ende"的情况并不多，反而在文本中更多是采用"Auflösung"（解体）一词。关于"Auflösung"在文本中的出现情况，我做了粗略统计。比如，在象征性艺术中，黑格尔在相应的段落虽然没有用到这个词，但以"Das Verschwinden der symbolischen Kunstform"（象征型艺术的消逝）为标题表述出了类似的意思。黑格尔的原文为：

> Dadurch haben wir hier als Anhang diejenigen untergeordneten Kunstformen abzuhandeln, welche aus solchem vollständigen Zerfallen der zur wahren Kunst gehörigen Momente hervorgehen und in dieser Verhältnis-losigkeit das Sichselbstzerstören des Symbolischen dartun. （中译文为：因此，我们在这里把一些附属的艺术形式作为附录来处理，这些艺术形式是真正艺术因素的完全颓废的结果，而意义与形象之间的缺乏关联也正足以说明象征型艺术的自毁灭。）[1]

其中，"Sichselbstzerstören"便是"自我毁灭"的意思。而在古典型艺术中，"Auflösung"一词出现较多，如标题"Drittes Kapitel: Die Auflösung der klassischen"（古典型艺术的解体），小标题"2. c. Auflösung der klassischen Kunst in ihrem eigenen Bereich"（古典型艺术在它自己的领域里解体），"3. a. Unterschied der Auflösung der klassischen von der Auflösung der symbolischen Kunst"（古典型艺术解体和象征型艺术解体的区别）。除了标题以外，相关的原文则有：

> Den Keim ihres Untergangs haben die klassischen Götter in sich selbst und führen daher, wenn das Mangelhafte, das in ihnen liegt, durch die Ausbildung der Kunst selber ins Bewußtsein kommt, auch die Auflösung des klassischen Ideals nach sich. （中译文为：古典的神们本身已包含

---

1 Hegel, Vorlesungen über die Ästhetik, TWA. Bd. 13, S. 540. 中译见［德］黑格尔：《美学》（第二卷），第149页。

着他们衰亡的萌芽，等到他们所固有的这个缺点由艺术的进展而为意识所察觉的时候，神们自己的解体就带来了古典理想的解体。)[1]

而在浪漫型艺术中，也有类似的小标题，比如"Die Auflösung der romantischen Kunstform"（浪漫型艺术的解体），文本方面则有：

Das letzte, was wir jetzt noch näher festzustellen haben, ist der Punkt, auf welchem das Romantische, da es an sich schon das Prinzip der Auflösung des klassischen Ideals ist, diese Auflösung nun in der Tat als Auflösung klar heraustreten läßt. （中译文为：浪漫型艺术在本身上本来就已包含瓦解古典理想的原则，现在我们还要更详细确定的最后的一点就是，这种瓦解在实际上是如何实现了。)[2]

Blicken wir nun, nach dieser allgemeinen Feststellung des eigentümlichen Inhalts dieser Stufe auf das zurück, was wir als die Auflösungsformen der romantischen Kunst zuletzt betrachtet haben. （中译文为：既已就现阶段艺术内容的特性作了一般性的界定，现在我们回顾一下最后讨论的浪漫型艺术在解体阶段所采取的形式。)[3]

中国美学家朱光潜的翻译是严格对应的，并没有什么问题，基本都是将"Auflösung"译成"解体"（或者"瓦解"）。直到《美学》第二卷的最后部分，"Ende"一词才出现，即"Das Ende der romantischen Kunstform"

---

[1] Hegel, Vorlesungen über die Ästhetik, TWA. Bd. 14, S. 107. 中译见［德］黑格尔：《美学》（第二卷），第251页。
[2] Ibid., S. 220. 中译见同上，第364页。
[3] Ibid., S. 239. 中译见同上，第381—382页。

的标题,此处被翻译为"浪漫型艺术的终结",朱光潜还是十分注意区分二者的。[1] 但在通常语境中,二者则往往被混为一谈。这里我想请教您,不知道哪种表达更为准确?另外,我还想询问您,在您的论著中提到,黑格尔的美学在德国已经整理出版了1826年版的讲稿。因为,这个版本还没有中译本,我还不确定是否"Ende"的提法首先出自于此?

费维克:感谢您提出的问题。翻译是个非常复杂的问题,因为我不懂中文,没有办法甄别出您说的那些译名中的精细差异,所以,这里只能简单地从学理上分析一下。您提到黑格尔在分析不同艺术阶段时,用的词不同,这一点非常重要。我要预先强调一点,关于"艺术终结"这一命题,黑格尔所谓的"终结"只是针对我们这个时代的艺术而言的。他先做了一个粗线条的区分,简单说来就是认为浪漫型艺术之前阶段的那些艺术仍然是不自由的艺术,黑格尔所说的"艺术终结"可以理解成不自由的艺术终结了,而自由的艺术同样以此为开端。正如您注意到的,黑格尔只有在浪漫型艺术这一阶段用了"Ende"这个词来表达"完成""解体"的意思。而您重点提到"Auflösung"一词,当然也可以包括"Verschwinden"等等,这些词同样可以指之前的象征型、古典型艺术解体了;但是,在第三阶段,黑格尔特别强调了"Ende"一词,以区别之前的艺术形式。黑格尔在谈之前两个阶段的艺术时,我还要补充一种说法,他同样乐于用"Aufhebung"一词,即"扬弃",指的是新的艺术包容了之前艺术的内核。因此,我们也完全可以说,浪漫型艺术以扬弃的方式保留了之前象征型以及古典型艺术的因素。而您提到的黑格尔美学1826年的讲稿,与这个问题关系不大,"终结"论也并不是第一次在这个讲稿里出现的。

---

[1] [德]黑格尔:《美学》(第二卷),第374页。

朱立元： 我自己在整理这些不同的德语表达时也对这个问题有这样的疑问，为什么只在浪漫型艺术阶段黑格尔才用"Ende"这个词？而且，这个命题还对西方艺术界产生了如此大的影响？您的解释还给我一个启发：由于艺术发展的阶段与历史发展有着逻辑上的对应关系，所以才会同时出现"艺术终结"、"历史终结"这两个命题。我记得，在您去年送我的一本书《艺术的终结和自由艺术的开始》(*Das Ende der Kunst als Anfang freier Kunst*)中，也提到了"历史终结"的问题。

费维克： 您的思考是正确的，黑格尔在美学中论及象征型、古典型、浪漫型艺术时，注重的是历史的维度，强调历史向前推进。我说的"向前"是褒义的，是进步的意思，也可以理解为螺旋形上升。黑格尔其实是从历史维度、逻辑发展维度论证了艺术的这种中间地位，它介于自然和自由之间。自然的精神性，经由美的精神性，上升到自由的精神性，在这种提升中，体系与历史是一致的。形式与内容，或者说理念与各种表现理念的方式之间的统一关系，是评价艺术的标准。它决定了艺术形式的历史发展阶段，也决定了具有典范意义的艺术表现方式或类型的发展道路。相应的，黑格尔也在《历史哲学》中以东方、欧洲古代、欧洲现代三种模型表达了类似的思想。这是历史的维度和艺术发展维度的统一。世界历史的发展呈现出三个阶段，因此艺术的发展与此相对应。"终结"(Ende)在席勒看来，就是"目标"或"终点"的意思，到达最后一个阶段了。这样，又回到译名问题了。因为，这种终结还与自由有着内在的联系。所以，历史的终结就可以解释为人类生存的真正的开始，一个新时代的开始。在这个时代里，人类被认为是更高尚的、更神圣的。不过，在黑格尔看来，这并不是什么舒适的享乐，而是需要艰苦的奋斗才能达到这种近乎完美的状态；因此，是否能够充分达到也未可知。黑格尔（包括席勒）对世界历史的理解是：历史只有三个阶段，因此，现代部分就是这最后一个阶段。而"Ende"则是专门针对现代部分的，就像在"艺术终结"命题中"Ende"只对应浪漫型艺术一样。此处的"Ende"指的是：不存在第四个阶段。也就是说，没有比现代世界更高层级的新阶段了，与此对应的是浪漫型艺术也处于艺术发展的最高阶段。人们也许会问，黑格尔的根据在哪里？但这就是黑格尔对历史的理解。在黑格尔的体系中，自由是体系追求的最高原则，以此原则来审视世界历史的发展，则会顺理成章地将历史划分为三个阶段：东方—欧洲古代—欧洲现代。在东方，只有一个人是自由的，即皇帝；而在第二个阶段即欧洲的古代，特指古希腊、古罗马及中世纪，在这个阶段，更多的人获得了自由；而在第三阶段，即黑格尔认为自己身处的时期，是每个人都可能是自由的，不可能有较之这一阶段将自由原则实现得更为彻底的阶段了。因此，席勒延续康德的思路，也提出了"世界公民"的概念。

朱立元：按照您之前所说，第三阶段持续的时期极长，至今仍然在进行中。那么，这个阶段是否已经完全实现了？

费维克：按照黑格尔的设想，我们所处的时代仍是第三阶段的开始阶段，我们只不过比黑格尔的时代前进了一小步而已，所以，我们仍是刚刚进入这个阶段而已。从这个角度来说，我们依然处在彻底实现自由原则的过程中。

朱立元：既然历史或者艺术的终结时至今日也未完成，那么，是否可以说，历史或艺术一直将处在终结的过程中呢？如果说第三阶段是历史的终结历程，那么，是否意味着历史或者艺术在终结同时又重新开始呢？

费维克：我们确实一直处在这个阶段，理由依然是，人类不可能超越这个阶段进入什么更好或者更高的阶段了。因为，在这个阶段，自由成了一种真正的普遍性，每个人都可能真正地自由。这一点，黑格尔在谈及艺术时也言到，在自由中，艺术才是真正的艺术。我还想总结一下刚才所说的:"艺术的终结"这一口号,不仅在中国学术界,在西方学术界也是既大名鼎鼎又臭名昭著。但是,这个命题确实是从艺术的历史发展三阶段中顺理成章地推论出的,它们是以自然的精神性—美的精神性—自由的精神性这一精神发展的"三部曲"为基础的。在这一体系结构中,对应于历史世界的三段式,从质的角度来看不可能有更高级的"第四个"或下一个发展阶段。"艺术的终结"首先意味着从原则上排除进一步的、更高级的艺术发展阶段,意味着放弃关于后现代的幻想。伴随着自由的精神性的出现,人类获得其存在的基础;从这一基础出发,道德——人类的本真存在——才得以展开。"艺术的终结"并不意味着艺术的没落和衰亡,相反,它是自由艺术发展的开始,美的艺术在其自由中才是真正的艺术。

朱立元: 您这样解释,我觉得是有道理的。您引用的这句话非常重要,这与我之前的印象不太一样。我过去一直认为,黑格尔是高度评价古希腊艺术的,在某种程度上,古希腊艺术成为他的审美理想,因为在古希腊艺术中,理性与感性、形式与质料得到了完美的和谐,在其中体现了真正的自由;而似乎浪漫型艺术是主体性压倒了一切,理性与感性、形式与质料的和谐交融被打破了。那我还想接着问另一个问题,您是否认为浪漫型艺术较之古希腊的古典型艺术更为自由呢?

费维克: 浪漫型艺术的确比古典型艺术更为完满,也更为自由。按黑格尔的说法,古典型艺术即古希腊艺术,是一种"艺术—宗教",在很大程度上要依赖古希腊神话才能发挥自身最大的力量;而浪漫型艺术,也就是现代艺术,与宗教不再有如此密切的关系,因此,在这个维度上它是无所凭借的,它只是自己表现自己。包括中世纪艺术也是如此,要依赖宗教崇拜。例如,在天主教的艺术中,要通过弥撒才能实现自己。黑格尔认为,在古典型艺术中,我们见到作品中的神性,因为我们似乎能在其中见出上帝,因此我们总是以膜拜的态度对待这些艺品。而在浪漫型艺术中，现代人尽管"可以对艺术作品顶礼膜拜……就算我们认为希腊的神像还是如此卓越，就算我们看到，神父、耶稣、玛丽亚依然那么可敬、那么完满地呈现出来，然而这都无济于事，我们不会再对它们卑躬屈膝"[1]。我们尽管喜欢这些作品，但却不会拜倒在其下。在古典型艺术那里，不管是古希腊还是中世纪，其表现出的是一种外在的和谐一致的关系。这种外在的和谐，在古希腊人那里达到的是绝对理念与人性之间的统一中所凸显出的主观性。这种主观性并不是内在的、主体的知识，因为，概念在那里不占主导地位。这种主观性，实质上只是表象——在神话中它表现为故事和艺术宗教。而在现代世界中，精神"超越了艺术的最高发展阶段，它意识到了绝对"，"对于我们来说，艺术不再是真理的最高存在形式"。[2] 在早期的文化中，表象的自我确定性占主导地位，它是人性与绝对之间的无中介的直接的统一性；而在现代，占主导地位的是思维的自我关系、关于自在的统一性的知识、自由的主体性以及自由的精神性。而这种自由的主体性是现代世界的核心，是重中之重。这种主体性，超越了其相应的艺术表现，"思想和反思使美相形见绌"。艺术只能担任一"部分"角色，它失去了其在象征型艺术以及古典型艺术中展现出的那种绝对的约束力和强制力。

朱立元：在这方面，我还可以补充一些例证。记得黑格尔说过，浪漫型艺术虽然丧失了古典型艺术的那种自由生动、静穆和悦的理想美，但却是一种"更高的艺术"。因为，古典型艺术还只是"精神在它的直接的感性形象里的美的显现"，而浪漫型艺术则是精神超越了直接的感性显现，达到了"自己与自己的相融合"。古典艺术虽然最符合"理想"

---

[1] Hegel, Vorlesungen über die Ästhetik, TWA. Bd. 13, S. 140.
[2] Ibid., S. 24, S. 141.

的本质,"美的国度达到金瓯无缺的情况",但古典型艺术与浪漫型艺术相比,这种"古典理想的美,亦即形象最适合于内容的美,就不是最后的(最高的)(Letztes)美了",它"只能处于次要地位"。因为,浪漫型艺术的美是"精神的美",即"本身无限的精神的主体性的美",而且是一种"亲切情感的美"。[1]

不过,我这里还有个疑问,您似乎是把古希腊、古罗马和整个中世纪艺术都作为古典型艺术了,这与黑格尔对古典型艺术与浪漫型艺术的历史划分不太一样。我记得,黑格尔是把浪漫型艺术的发展分为三个阶段,第一阶段划定为"宗教范围的浪漫型艺术",指的应该是中世纪的基督教艺术吧?

费维克: 在古典型艺术中,神性或者说宗教性的内容,成了观众与作品之间的连接点;而在浪漫型艺术中,则没有这个维度。我所说的宗教性内容,侧重的还是宗教仪式和宗教题材。您说的有道理,中世纪艺术的主题其实已经集中到基督作为人的生活了,因此,中世纪艺术的主题是人性,这一点与浪漫型艺术是一样的。在浪漫型艺术中,艺术的自由体现在艺术不需要依赖于任何其他不是它自身的东西,不需要依赖任何宗教性的内容或者神话,也远离了政治因素,它只以自身为对象,这就是艺术的自主性。比如说,在浪漫型艺术的阶段,中国的艺术作品完全可以以印第安人的故事为素材。这种情况,在古典型艺术是完全不可设想的,因为,古希腊人不能超越自身的地理和时代局限,他们的艺术只能表现自己的宗教生活。以上所言是在强调,在艺术的内涵方面,艺术的创造性不受"一切自然材料"的因素限制,这里敞开了艺术表现的一切可能性。连最普通的题材也能成为想象和表现的材料,黑格尔在美学中大量列举了荷兰黄金时代的绘画和现代小说的例子。

---

1 [德]黑格尔:《美学》(第二卷),第 274—275 页。

二

朱立元：黑格尔确实说过，浪漫型艺术有一种全息性，任何东西都可以表现。这样看来，自由的艺术主要特征可以被归纳为：艺术家通过自己创造来自由地支配内容与形式，同时能充分体现"使一般人都感到亲切"的人类精神和普遍人性。这样一来，这种艺术表现的对象、题材、范围就得到了极大的拓展，人类日常生活的一切方面都可以进入艺术的视野，而不再受特定时代体现绝对精神的实体性内容的局限了。这种艺术的自由性，还表现在对素材的处理方式上要具有当代性，服从当代精神。关于自由与浪漫型艺术的关系，总体上如您所说，黑格尔从未下过艺术即将衰亡的断言，相反，黑格尔说过，"广大艺术之宫就是作为这种美的理念的外在实现而建立起来的。它的建筑师和匠人就是日渐自觉的美的心灵。但是要完成这个艺术之宫，世界史还要经过成千上万年的演进"[1]。这也证明了，艺术成了自由的艺术之后，仍然有广阔的发展前景。

另外，关于您谈到的浪漫型艺术中的自主性问题，尤其是关于自由艺术的问题。我还想补充几点。因为，在1997年，中国对"艺术终结"论展开大讨论的时候，我也写过一篇相关的论文，与您表述的观点很接近，但也有不同。不同主要是集中在艺术阶段问题上。我当时读到苏联美学家奥夫相尼科夫的一些论著，他认为在浪漫型艺术解体之后，将重新开始一种新的艺术形态——"自由的艺术"，并进而把艺术的这一新的阶段界定为"从浪漫型艺术解体而产生的所谓自由的艺术"。在奥夫相尼科夫看来，黑格尔虽然认为在现代，艺术在社会生活中的作用会缩小，但"并不等于艺术完全消失了，而只是改变了艺术的对象、艺术的内容。它摆脱了原先的历史材料、传统的神话题材和情节。人的内心生

---

1 ［德］黑格尔：《美学》（第一卷），第114页。

活,他的快乐和痛苦,他的追求、行为和命运,都成了艺术的内容。因此,艺术变成为个人生活的表现"。[1] 我当时在论文《再论所谓黑格尔的"艺术解体论"》中沿用、发挥了奥夫相尼科夫的看法。[2] 我现在发现,尽管这种解读与您谈到的大方向基本是一致的,但还是有一些区别。如果我没理解错的话,您的意思似乎是将浪漫型艺术与这种新的自由的艺术画等号的?

费维克: 您对自由艺术的概括我是认同的。这也在另一个层面体现了歌德所构想的"世界文学"的理念。歌德在诗集《西东合集》中提到了这种思想,黑格尔与歌德是完全一致的。关于后一个问题,即浪漫型艺术是否等同于自由艺术,您的疑问正好给了我做进一步澄清的机会。首先,做出"浪漫型艺术是自由的"这一界定,是从形式和内容两个维度来看的。黑格尔谈到的在浪漫型艺术中艺术获得了自由,不仅在内容上自由了,而且在艺术形式上也实现了自由。黑格尔在《美学讲演录》中指出,绘画、音乐、诗歌构成了艺术的最高形式。而在现代世界中,出现了综合这三种艺术形式的尝试。比如,在黑格尔时代并没有电影这种艺术表现方式,但现代的电影无疑综合了绘画—音乐—诗歌这三种艺术形式。其实,这种综合在出现电影这种艺术形式之前,就已经出现向这个方向努力的蛛丝马迹。例如,欧洲的大歌剧。只是,大歌剧因为无法成功地表现出场景中行动方面的连续性,所以,这种综合并未完全成功,而电影恰恰能在画面上实现这个突破。因此,在第三阶段所谓的"艺术终结",艺术不仅在内容上拓宽了,而且在形式上也变得多种多样了。我依然认为,浪漫型艺术所代表的就是自由艺术,原因就是黑格尔对历史阶段的划分。而这一划分的依据,就在于在我们所处的现时代,

---

1 [苏]奥夫相尼科夫:《美学思想史》,第357页。
2 朱立元:《再论所谓黑格尔的"艺术解体论"》,《文艺理论研究》1997年第4期。

自由原则成了根本性的原则,既不存在一个比目前的现时代有着更高原则的新的历史阶段,也不会出现一种在原则上比浪漫型艺术更为自由的新的艺术形态。由于我没有看过奥夫相尼科夫的著作,我判断,他很有可能是把"在终结"意味着重新开始,误解为了"在终结之后"重新开始。这样,就导致了黑格尔的论述被误解为:在浪漫型艺术之后出现了一种新的艺术形态。

朱立元:您的这个分析有一定合理性,但并没有完全解决我的疑问。1997年,我在写那篇论文的时候,找到了不少黑格尔文本的依据,同时也关注了一些国外研究。直到现在,有些看法依然没有改变。我发现,黑格尔实际上已把自由的艺术列为三种历史类型走完之后的又一种新的历史类型或艺术发展阶段。比如,他明确提到,当代自由艺术出现"在浪漫型艺术所必有的各阶段都已走完了之后"。他的意思是,在艺术前三个历史类型走完之后,又会迈向一个新的发展时期;而且,这种新的自由的艺术虽与"过去时代"的艺术在内容与形式及其统一上大不相同,甚至可以说对原有艺术的本质、基础(意义与形象、内容与形式、主体与客体的统一)有所突破或超越,但它终究还是艺术。不过,在黑格尔看来,这是艺术的一种新类型、新发展阶段。这种自由的艺术,不再拘泥于时代特定的实体性内容,而是重点表现个人心灵和生活;同时,不再受既定形式的限制,而要创造适合于心灵自由表现的形式。这种自由的艺术,照样能产生伟大的艺术家和伟大的作品。黑格尔强调,"特别是现代的大艺术家"要表现"他的伟大的自由的心灵","要有精神的自由发展,才能不受只用某些既定的观照方式和表现方式的迷信和成见之类因素所束缚,而是把它们降低到自由心灵所能驾御的因素……他要按照内容的需要把这些因素加以改造之后才放到作品里去"。[1] 如果

---

[1] [德]黑格尔:《美学》(第二卷),第379页。

我们把这些特征笼统地归纳为是浪漫型艺术的特点，并进而将浪漫型艺术与这种新的艺术形态画上等号，是讲不通的。我认为，到了三种艺术历史类型走完之后，一般艺术在逻辑上应超越自己而"解体"了。原因是，黑格尔反复指出："我们不应把这种改变看作是由时代的贫困、散文的意识以及重要旨趣的缺乏之类影响替艺术所带来的一种纯粹偶然的不幸事件；这种改变其实是艺术本身的活动和进步，艺术既然要把它本身所固有的材料化为对象以供感性观照，它在前进道路中的每一步都有助于使它自己从所表现的内容中解放出来。"[1] 黑格尔对浪漫型艺术固然有不少正面评价，例如，"艺术家的才能既然从过去某一既定的艺术形式的局限中解放出来而独立自由了，他就可以使任何形式和材料都听他随心所欲地指使和调度了"[2]，但还是不乏一些很有针对性的批评，尤其是认为**浪漫型艺术是散文时代的艺术，不同于过往诗的时代等等**。当然，我强调浪漫型艺术与这种新的自由艺术的区分，并不代表我与您有原则上的分歧，至少在大方向上我们还是相同的。因为，我也同意，黑格尔论艺术的"终结"和自由艺术的出现并非偶然的，而是有其必然性的；并非不幸之事，而是历史的进步；艺术的这种进步，体现于它在用感性形式表现特定内容的历史过程中，不断趋向于超越既定内容和形式的束缚而"解放出来"，获得越来越多的心灵自由。而且，您将浪漫型艺术界定为当代的自由艺术是有合理性的。对自由艺术取代"过去时代"的艺术的现实，黑格尔显然是持欢迎、赞成、支持态度的。只不过，对于这种特别复杂的问题，确实存在一定的解释空间。

费维克：对您做的这个小结，我是认同的。我在之前的交流中，一直用《历史哲学》的划分来解释对艺术的分类，也是试图从黑格尔对艺术划分的逻辑根据入手，以避免产生对文本的误解。我自己也承认，黑

---

1 ［德］黑格尔：《美学》(第二卷)，第377页。
2 同上，第379页。

格尔很多表述是有歧义的,包括您之前所讲的对自由艺术的这种理解。我觉得,在黑格尔文本中,也能找到支持您的论据和表达。关于这个问题,我想做一个提纲性的小结来衔接您之前所说的。

浪漫型艺术作为自由艺术,不仅有黑格尔历史和逻辑合一的内在根据,还有很多突出的表现。它在形式和内容两个方面体现出的自由可以概括为:回到内在性。这意味着,突破特定的内容局限,摆脱一切僵死的束缚。这一点,构成了艺术和艺术家自律的支柱。艺术获得了解放,不再受任何宗教、政治、民族、地域、内容的约束。这是一个解禁的过程,艺术摆脱了一切坚固的世界观的限制。人道是唯一的取向,由此得出,做"世界公民"是其根本的境界。成功的作品可以作为一种"世界性的艺术"获得认可,这可以看成是歌德"世界文学"的理想的内在意涵。艺术的自律包含着卓越的批判力,这是一种不受约束、没有偏见的观察世界的能力。它剖析并描绘那些令人无法接受的、非人道的、非人性的行为与状态,以便呼吁人们不断对各种情况和状态进行必要的检验。这是反对一切生活领域中僵化与教条的重要手段。现代艺术无疑具有片面性,但它还是对现代世界做出了重要贡献,使之成为一种自由之文化。艺术通过把人性形象化地呈现于感性之中,能给人类提供一种基本定位,它"要求"人是自由的。从主体性这一普遍原则中可以产生多种多样的表现形式,这些表现形式使自由行动呈现出多种样态。

朱立元:去年我到耶拿访问时,您在送我的新书中谈到历史终结时认为,与世界历史三个主要阶段相对应的还有四种世界历史性的"王朝"(Reiche):(1)直接的展现由实体的精神、自然的精神性的原则所确定。在那里,个体性自身没有合法性,历史上表现为东方国家。(2)美德的个体,示范性的例子是古希腊。(3)浪漫的古典时期,表现为合乎道德的生活以个体的自我意识的极端形式遭到无穷的破坏。(4)抽象的普遍性。第四种造型的原则作为一种第三阶段内含有的最初的实体性的回归,以及从第二和第三阶段所确立的主体性与客体性对立中得出的向"自我意识的实体性的客体性"回归。这里似乎在对应浪漫型艺术的阶段又分了两个小阶段?为什么会有"浪漫的古典时期"这种提法?黑格尔将自由意志的原则描绘为"最终原则"、"最终最深刻的意识"。通过这种自由的原则,我们过渡到世界历史的最终状态。现代世界表现出了历史的终结,最终的历史性的世界形态。这个既不是指一个"乌托邦式的延期",也不是指开启一个新的阶段。自由原则下的一个更高的世界形态的阶段,可以通过黑格尔关于"历史"的概念来理解。黑格尔所用的"历史"(Geschichte),不是一般意义上人类经验活动的事件累积,而是指一种层级的累进,指一层层(Schichtung)的进步。我的问题就是,您提到的"浪漫的古典时期"和"抽象的普遍性"与艺术发展的阶段之间的关系是怎么样的?这里面是否存在着——对应的关系?

费维克: 四个"Reich"是黑格尔在《美学讲演录》甚至在《历史哲学》中明确提到的,在德语中也泛指"领域"。刚才先谈三个阶段而不谈四个"Reich",是为了单刀直入问题本身。在第二个阶段,有两个"Reich",即古希腊和古罗马。但我想强调的是,在阶段层面只有三个阶段,而不是四个。简单来说,按照黑格尔的体系构想,他把人类自由的形成过程划分为三大阶段,相应地他把艺术也区分出三个历史发展阶段。"美"作为理念和形式的统一具有三种基本类型:(1)东方世界——自然的精神性之王国;(2)古代世界——美的精神性之王国;(3)现代世界——自由的精神性之王国。黑格尔构想了一条从自然经由美的"桥梁"进而过渡到自由的道路。艺术的历史阶段分别是:(1)东方的象征型艺术;(2)古代的古典型艺术;(3)现代的浪漫型艺术。而在第二个类型或说第二个阶段中,黑格尔还做了进一步划分,将其区分为两个"Reich"——古希腊和古罗马。而您提到的"浪漫的古典型艺术"很可能是误译,我不记得我的书中有这个说法。因为,这个搭配"古典的—浪漫型"在黑格尔那里分属于不同的阶段，这个组合是很不符合黑格尔思想的，我相信也不会出现。按照您之前的描述，我觉得唯一比较接近这层意思的，是我在书里谈到历史的终结与自由问题那一节的一个说法。但我用"Reich"，并不是想表达"王朝"的意思。王朝只是某一个特定历史阶段的表现，而我试图说明的是对应于这些历史阶段的原则。也就是并不着眼于时间上的先后，而是想找到逻辑上的根据。而第三个原则，并非您看到的翻译成"浪漫的古典型"云云。我想表达的意思是，这一时期虽然个体性原则有了自己的领域，但意志的自我决定却并不根植于纯粹的主体性。简而言之，这一原则还是属于古希腊时期的。它的缺陷在于，对特殊性的需要的满足还没有被自由所接收，而是仍然专属于奴隶阶层的事。当然，这处的误解并不影响我们之前对"艺术终结"问题的讨论。

朱立元：感谢您的解答和对翻译的纠正。关于终结论的提法，现在可以确认，这不是指艺术的死亡，而是新的开始。但中国有学者认为，这是在黑格尔《精神现象学》中就出现了的提法，不知道这个说法是否确切？我记得，黑格尔在《精神现象学》中谈到"艺术宗教"这个环节时着重分析了喜剧，这部分似乎有这层意思：在喜剧这个阶段似乎一切都达到了和解。黑格尔是否暗示了，在喜剧这种艺术类型中艺术"解体"了？尽管黑格尔没有明确的表述，但是否在《精神现象学》中艺术"终结"的思想就萌发了？

费维克：是的，在《精神现象学》最后一章，黑格尔确实谈论了艺术宗教和绝对知识的问题。但在那一处谈论艺术之时，黑格尔分析了认识论问题，涉及艺术在认识方面的边界。在那里，黑格尔流露出这样的观点，对哲学最为适合的方式是"概念"（Begriff）。艺术连接了概念思维和感性呈现，但黑格尔仍然认为艺术更多的是借助感性的手段来把握整个世界。对哲学而言，感性是不够充分的，因此，艺术必须向更高的阶段发展；或者转换其方式，以概念代替感性。在古典型艺术阶段，黑格尔认为，艺术（或者说宗教）是人们把握世界的主导手段，因此，这一阶段称之为"艺术宗教"。而到了浪漫型艺术阶段，艺术已经失去了这种主导地位。这是哲学的时代，艺术已经无法充分表现这个世界，必须以概念、观念作为主要的把握方式。

三

朱立元： 其实，表象也是极其重要的认识方式。在黑格尔的体系中，表象对应的是宗教，艺术首先从美的形象转向了宗教。您的著作中没有明确地提宗教与艺术的关系，但黑格尔确实认为宗教是艺术向哲学过渡的中间环节。

费维克： 这是一个认识论问题。表象在认识论方面是艺术代表的"直观"向哲学所对应的"概念"过渡的一个中间阶段。但表象作为一个中间阶段，只是在认识论层面。从认识论角度看艺术的时候，艺术是表现出直观向表象发展的特征。其实，"表象"是个非常复杂的概念。它介于感性直观与思维之间，同时也介于感性个别性与普遍性之间。与感性直观不同，表象可以被视为一种在"内部的图像"。在这种形态中，我们已经获得一种感性的精神化。哲学的任务在于，以概念取代表象，精神只有"通过表象并借助于表象才能走向思维把握"。自由的精神性和自由的主体性作为现代的基本原则，它已不能通过审美的直观获得充分的体现，不能在艺术和神话中获得充分的表达。这一基本内容在根本上需要思维把握和概念表达，它必须被转化成概念。艺术是本质地、完全地把握绝对的方式之一，但是它失去了早先的优势地位。诗人不是唯一的配得上"智慧"头衔的人。诗人虽然表达真理，然而是以一种特定的、自身有局限的形式表达出来的。

朱立元： 我想确认一下，黑格尔是否认为表象方式与宗教对应。

费维克： 这是没有疑问的。表象是从认识论角度看待宗教的一个前提。表象的表现形式多种多样，不但在宗教中有充分体现，而且在文学作品里也有所发挥。这里有必要重新叙述一下黑格尔对直观、表象、概念的划分。他对《精神哲学》中的"理论精神"部分划分了三个环节：直观、表象、思维。表象环节以想象活动为核心，是从主客对立的意识转化为主客统一的精神的中间阶段。这也是与艺术活动直接相关的阶段。但我们必须关注表象的认识论基础，也是整个转化过程的基础——直观。在直观里，作为客体的直接、个别、被给予的规定性同时也是被主体设定的。主体借助时空形式将直观的内容从内部投射到自身之外。与康德不同，黑格尔认为时空范畴并非纯粹的主观形式，直观也不仅仅与主体相关，它们都是内外同一、物我同一的。发现与设定在直观中同样有效。直观已经包含了这样一种原初的主客同一性结构。在直观中，内外与主客的相互转化使得精神达到了初步的自我规定，亦即形式的自我规定性。但这毕竟是一种抽象而主观的普遍性，它只能作为通向表象的第一步。

朱立元： 我非常认同您对直观和表象在认识论上的差异所做的解释。黑格尔体系主要还是从逻辑层面而不是着眼于时间维度来谈艺术向哲学过渡的。在艺术阶段，用感性的手段表现理念还不够充分，但进入宗教阶段，用表象来展现理念就较之艺术纯感性的手段更为前进了一步。由于依然是用感性具象的方式去表象一般，所以还要继续上升到哲学的概念把握。这样，理念才能完全回到自身。如此说来，我们从认识论角度来看待"艺术终结"的命题，是否也可以达到同样的结论？我们同样从学科演进的角度，从美学过渡到宗教最后上升为哲学似乎也达到了相似的结论。不知道这样理解是否比过去的论断更为全面了？

费维克： 我完全同意。为了说明表象与概念之间的区别，也同时说明艺术的表象并不是宗教的表象，或者说明艺术与宗教的表象方式是不同的，我还想以席勒的一首诗《人质》("Bürgschaft")做例子。它取材于古希腊的神话，是一首在德国非常著名的诗歌。这首诗看似充满了历史性和概念思维的方式，但其实还是以表象的方式展现一个特定主题——友谊。

如果是哲学，不得不以概念来展示"友谊"；但作为艺术作品，要以诗的形式展现这一主题，就意味着从概念到表象式的呈现经历一个转化。当然，从认识论方面来看，"友谊"是可以用概念来定义的。比如，两个人在一起，平等相待，彼此承认。用这样的方式去定义"友谊"，我们自然能有所理解，也容易理解"友谊"这个概念。但是，一旦将之以概念规定，我们也就同时失去了其很丰富的表象。而席勒在诗歌中用了很多样的方式来描述"友谊"，说明艺术同样采用表象的方式也能展现出"友谊"的丰富内涵。艺术吸引人的魅力正在于，同一主题能够以多样性的方式不断地呈现出来，始终给人无穷的启发性，而不是单纯的概念式的把握方式。我深信，在中国传统诗歌中，一定也有类似的题材，但毫无疑问的是，这也是要借助表象来呈现的。

朱立元：确实如您所说，中国传统诗歌中这方面的例子俯拾皆是，例如王勃的《送杜少府之任蜀州》："与君离别意，同是宦游人。海内存知己，天涯若比邻。"我还想问一句，那艺术中的表象方式与宗教中的表象方式有什么区别吗？

费维克：从内容方面来说是有区别的。它们表现了不同的内容。但我们还是首先从分析共同点开始，表象在艺术中得到应用而在宗教中也有表象的方式。这意味着，从认识论层面来看，二者共享同一基础。

朱立元：这一点我理解，需要借用感性的手段进行认识。

费维克：但区别在于，艺术中的表象方式是无所凭借的，观众面对艺术完全可以直接明白艺术作品的内涵，因此，表象在艺术作品中没有征用什么其他不是艺术作品的附加之物；而宗教则有所不同，如虔诚的信徒们总是需要借助仪式甚至祭拜场所（神庙）这些辅助手段或者附加物，才能充分理解宗教借助表象这种形式所展现出的神的真正内涵。

朱立元： 可能也包括布道和颂诗。

费维克： 在艺术中，艺术以表象为手段时还必须以美为目标，而宗教则没有这方面的考虑。这尽管只是一个例子，但美对艺术来说就是其核心，而宗教的目标则不是美。

朱立元： 您讲到表象对应宗教，它介于艺术和哲学之间，按照我的理解，这个中间环节是否不仅仅依赖于那些辅助手段，而且还需要对教义的理解，所以我强调了布道和颂诗。这些环节，是否已经有了概念的因素？是否因为这个原因，宗教从而区别于艺术？因此，其实这些看似辅助性的环节成了一种很关键的过渡？

费维克： 是的。黑格尔在解释宗教时，也用概念的方式。但黑格尔还是坚持认为，宗教依然借助表象。这里还没上升到以概念把握的方式。这是用概念这种方式来理解宗教，但并不等同于宗教已经潜在地借助概念开始呈现理念。这种解释因素中概念的渗入，并不完全意味着表象向着概念的转化。您说通过布道加深对教义的理解，是一种解释，人们为了解释宗教的内容才用到了概念的因素。

朱立元： 您认为这就是宗教与艺术中表象的区别吗？一个是直接使人理解，另一个是通过一些辅助手段。我觉得，您的分析可能更接近《精神现象学》。黑格尔在其他著作中，也对直观、表象、概念做过进一步区分。在《精神现象学》中，"艺术—宗教"是被一并讨论的。用表象确实可以很模糊地涵盖这两个不同的阶段，或者说艺术所对应的直观被吸纳到表象中了。这从认识论的角度看是有内在合理性的。但我发现，诚如您所说，黑格尔依然在《精神哲学》之中对直观、表象和思维这三个"理论精神"的环节做了划分，尤其在绝对精神的部分中，严格区别了艺术和宗教，并用直观来对应艺术，用表象来对应宗教，可能是因为在《哲学科学百科全书纲要》中黑格尔对这个问题思考得更成熟了。直观很可能并不仅仅是指我们把握艺术作品的方式，而且也是指绝对精神以感性化的方式在艺术作品中呈现出来。这也不难理解，因为我们刚才也提到古典型艺术能表达神性，揭示出绝对精神。作为表现方式的直观，恐怕不能完全与表象笼统地归在一起。因为，直观作为我们把握绝对精神感性化呈现的方式并不能被表象取代，表象是作为概念和直观这两种呈现方式的过渡或者说中介的。它侧重的是绝对精神在宗教中的呈现。直观与艺术在这里的区别在于：在艺术中，绝对精神通过感性形象出现。这意味着，绝对精神还未达到自己表现自己，或者说形式与内容并未完全统一。而到了宗教阶段，表象的方式是精神自己规定自己的内容；但由于这种规定方式过于抽象，没有建立起具体的规定性，所以，表象方式还得提升为概念。

费维克：我在之前的讨论中没有刻意强调艺术作品和绝对精神的关系，在这个层面上，您的看法确实有黑格尔文本的根据。

四

朱立元：我在拜读了您的论著之后，总体上是赞同您的观点的，但也有一个问题值得商榷。这个问题是关于现代艺术中的自由问题。而这又进一步涉及浪漫型艺术中一种最核心的表现形式，即浪漫主义的"反讽"（Ironie）概念问题。您对现代艺术展现出自由精神是赞同的，认为黑格尔对现代艺术的整个走向都是有所预见的，认为现代艺术体现了人的本真存在、人类历史的真正开始。但我认为，黑格尔的文本可能还包括了其他面向，对这些方面您还没有足够重视。我觉得，黑格尔依然对"反讽"概念有所批判，他在《美学》中花了不少篇幅讨论反讽问题，他首先从反讽的基础入手，即认为反讽的基础是费希特（J. G. Fichte）的绝对自我，因此，施莱格尔兄弟将之作为核心概念，便不可避免地让这个概念充满了主观性。黑格尔指出，弗里德里希·施莱格尔（K. W. F. V. Schlegel，即小施莱格尔）的"反讽"概念其实充满了感觉的形式，它表现出的只是肤浅的深刻和空洞的没有任何实体的自由。他还指出，自我具有抽象的绝对性，一切内容都被否定了，一切积极的内容都被淹没在抽象的自由和统一性中。这说明，黑格尔对当时的德国浪漫派还是有所批判的，尽管他们都在耶拿共事过。另外，我还想向您请教，尽管黑格尔处在这个达到第三阶段的时代，处于普遍性的自由开始实现的阶段，但他对这个时代本身也有所批判，认为这是个散文的时代，充满了低俗和琐碎，缺乏精神性的内容，并因此产生了一些消极的影响。然而，在您的论著中，黑格尔对浪漫型艺术时代的艺术表现和这个时代所做的批判，并没有被强调。是不是对黑格尔来说，这个时代尽管开始逐渐实现自由这一最高原则了，但因为这个时代本身还尚未成熟，所以存在着有很多消极面，对这些消极面还是需要批判的？

费维克：您谈的这一点有着重大的意义，有很多问题也是我非常关心的。我认为，浪漫主义的原则是精神自由。在浪漫型艺术的时代或者说现代世界中，精神成为绝对的内在性，人返回自身，沉浸到自身的内在性之中。黑格尔用了很多不同的表述来强调这种内在性。比如，这种回程（zurückgehen）的完成意味着"人神同形同性论的完成"；人道、"人类心灵中的高贵与深邃"以及普遍的人性居于中心地位，它是艺术的一个也是唯一的内容；"人类精神是真正自决的，它观察、思考并表达其情感和处境的无限性，任何东西，只要能够成为人类心中生气勃勃的东西，对于人类精神来说它就不再是异己的"等等。黑格尔把这种"不朽的人性"之显现看作现代艺术的绝对内容，从中可以得出现代艺术的若干重要规定性。主体的内在性意味着"对一切外在性的战胜"，外在的形式对它来说无关紧要。"现在不是用材料去表现内在性，而是内在性要显现在材料之中，材料应当附带地表明，外在性是不能令人满意的。内在性在其自身之中导致一种对立，与外在的定在相抗衡。"[1] 艺术家的主体性超出了其形式，不再受制于形式；材料被"释放"，它自身获得解放。而在古典型艺术那里，形式是服从内容的。随着艺术在形式方面的解放，它获得了"意想不到的自由和灵活；艺术家能够把他们的精湛技艺越来越多地集中在艺术作品的形式因素上，集中在颜色、声音和各种不同的语言表达可能性等形式的搭配上"[2]。因此，我还是认为，黑格尔在原则上或者说在大方向上依然是认同浪漫型艺术代表了自由艺术展开这一基本论断的。但在某些细节上，确实如您所说，并不能完全将这一原则抽象化，或者认为所有艺术作品都达到了这条原则。

朱立元：是的。浪漫型的自由艺术还处于初始阶段，存在着各种问题是必然的，黑格尔的批判主要集中在这些问题上也是十分自然的。

费维克："反讽"确实是个很关键的概念，黑格尔与这个概念有着非常多的纠缠，有着不同的态度。首先，反讽作为一种艺术形式，它是表达自由、个性和自我意识的最高方式，这正是现代诗歌艺术的方式。现代诗人将纯粹主体性作为自由地构造着奇特的秩序的原则，这一点黑格尔还是非常赞成的，但小施莱格尔试图将之作为哲学的原则，这一点则是为黑格尔所坚决反对的。小施莱格尔以反讽为核心试图建立起一套超验诗学的理论，黑格尔认为这是一种用直观代替概念所产生的混合物，既非诗也非哲学，是一种哲学、感觉和信仰的集合而已，或者用《精神现象学》里的描述："一些既不是鱼又不是肉，既不是诗又不是哲

---

1 Hegel, Vorlesungen über die Philosophie der Kunst, Darmstadt: Wissenschaftliche Buchgesellschaft, 2003, S. 182.

2 Stefan Büttner, "Hegels Prognose für eine künftige Kunstform und Thomas Manns Roman Joseph und seine Brüder", *Unendlichkeit und Selbsttreferenz*, Würzburg: Königshausen & Neumann, 2002, S. 54.

学的虚构。"而关于您提到的黑格尔对整个浪漫型艺术的看法,我想表达的是,将浪漫型艺术视为自由的艺术是黑格尔从原则上来说的。但并不排除,有些具体的艺术个案没有达到这个标准。换句话说,这些艺术并未实现真正的艺术自由。因此,黑格尔对这些并不成功的艺术尝试进行了严厉的批判。这完全是原则与现实之间的差异,但还是可以区分清楚的。举例来说,对与他同时代的浪漫主义运动,黑格尔并没有全盘肯定他们所有的艺术创作,但这却不妨碍他依然将浪漫型艺术的原则作为艺术未来发展的方向的代表。

朱立元:那关于散文时代呢?为什么用散文来概括而不是诗呢?您认为该如何解释呢?

费维克:黑格尔的确对浪漫型艺术使用过"散文式"来评价,但这是在负面意义上说的,针对的是那些没有达到真正自由的浪漫型艺术的不成功的作品。这些艺术品可以被称为"散文式"的。但是,这在原则上并不影响黑格尔对整个浪漫型艺术的积极评价。因为,具体的艺术个案并不会干扰对整体的艺术原则的评价。黑格尔同时也还是一个艺术批评家,他对具体的艺术作品的评价也不一定都完全合理。比如,当时奥地利一个以罗马天主教教会的宗教题材为主题的画派,还是在表现过去的内容,因此,黑格尔对其评价不高,但这个画派在德国目前的艺术批评界却重新得到了高度的认可。这也从侧面说明,在具体问题上,黑格尔同样可能会失察。

朱立元:对于这一点,我是认同的。我并没有认为,黑格尔在关于艺术的所有判断上都有着不可争辩的正确性。比如,他就对东方的艺术形式,包括中国的艺术了解不充分,因此也下了一些现在看来并不符合实情的断语。

费维克:黑格尔对东方艺术确实有一些误解,但他在其他地方也有不同的评价。我想就此补充的是,在浪漫型艺术中,同样包含了东方艺术的成分；或者说，东方的象征型艺术已经被扬弃到了浪漫型艺术中了。现代艺术在更高的层面上回归到东方特征，回归到象征和隐喻。浪漫型艺术必须立足于歌德式的《西东合集》，必须扬弃东方特征和古典特征。黑格尔所推崇的诗人和东方学家吕克尔特（F. Rückert）明确地用"幽默诙谐"来形容被扬弃到浪漫型艺术中的东方因素，他还把这种风格与塞万提斯的《堂吉诃德》进行了对比。歌德在他的《西东合集》中成功地运用了这种创造性的内化方法，融合了机智的自由和主体的内在想象。精神获得自由的同时也重新获得了象征意义，获得了想象的坦率爽朗，这正是东方的自由活泼之精神。歌德晚年在东方气息的熏陶感染下，致力于研究这种无忧无虑、自由爽朗的性情。而黑格尔眼中的东方文化特征（及其与佛教的关联）也并不是单面的。比如，他曾经这样描述东方的文化特征——"不是一种主体的渴望、热恋、欲求，而是对对象的纯粹喜爱，是心灵在自身活动中感受到的亲切与欢愉，它以爽朗的形式使灵魂从一切现实痛苦纷扰的束缚中超脱出来"。当然，这已经是西方外衣之下的东方特征，是西方对东方的效仿。我在这里涉及黑格尔对于一种"西东合集"的建构方案，这是一种融合西方知性与东方智慧的尝试。其核心思想在于，构思两个层次的扬弃：一是东方艺术被扬弃到古典型艺术中；二是古典与东方在现代的浪漫型艺术中重新达成统一。

朱立元：您的这一解读给我很大的启发。尽管我还有问题想向您请教，但考虑到您接下来还有课程安排，所以，我们今天的交流和对话就不得不进行到这里。非常感谢您。

费维克：我也非常感谢您。

（发表于《南国学术》2017年第4期）

"文学终结论"的中国之旅

一、"文学终结论"的提出及其在中国学界引发的争论

"文学终结论"是西方后现代主义文论对中国当代文艺学最直接、强烈的冲击之一。2000年,后现代主义文论和批评大家、美国耶鲁解构主义"四人帮"之一希利斯·米勒(J. Hillis Miller)在北京语言文化大学举办的"文学理论的未来:中国与世界"国际研讨会上,首先抛出了石破天惊的"文学终结论"。[1] 他的演讲后被译为中文,以《全球化时代的文学研究还会继续存在吗?》的标题,刊登在《文学评论》2001年第1期上,由此在中国引发了对"文学终结论"这一问题前所未有的关注和热烈讨论。该文引用著名的解构主义哲学家雅克·德里达在《明信片》中的一段话作为开头:"在特定的电信技术王国中(从这个意义上说,政治影响倒在其次),整个的所谓文学的时代(即使不是全部)将不复存在。哲学、心理分析学都在劫难逃,甚至连情书也不能幸免";接着展开了阐述:"收音机、电视、电影、流行音乐,还有因特网,在塑

---

[1] 其实,米勒并不是美国最早提出"文学终结论"的。在20世纪90年代我国外国文学研究学界就曾经引进美国当代一些批评家提出的"小说终结论"主张,并开展了讨论。只是没有引起文艺理论界的关注。

造人们信仰和价值观以及用虚幻的世界填补人们的心灵和情感的空缺方面，正在发挥着越来越大的作用。这些虚拟的现实而不是传统意义上的文学世界在诱导人们的情感、行为和价值判断方面发挥着最大的述行效能（performative efficacy，亦译'施为性效能'）"；他进而推出结论道："如果德里达是对的（而我相信它是对的），那么新的电信时代正在通过改变文学存在的前提和共生因素（concomitants），而把它引向终结。"[1] 由上述引文可见，"文学终结论"实际上首先是由德里达提出的，米勒不过是赞同"文学终结论"并且给予了比较全面、深入的论证和阐述罢了。

　　米勒的"文学终结论"一经提出，立即在中国文艺理论界引发了巨大反响。如有的述评所描述的那样，当时"人们的注意力一下子都被吸引到这位有点特立独行的、对中国似乎有着极大的热情和影响力的文学理论奇人奇论上来了。反对者有之，赞同之声也不绝于耳。国内比较文学界和文艺理论界的学人都不同程度地介入了这一问题的讨论，发表了大量有见解的文章。这表现出我国学人敏锐的学术洞察力，表明我们正以开放、积极的姿态参与到国际学术对话中"[2]。

　　在讨论中，以童庆炳为代表的一批学者首先发表一批论文对米勒的"文学终结论"予以反驳和批评。童庆炳认为，文学存在的理由不是媒体的变化，而是人类表现情感的需要，如果我们相信人类和人类情感不会消失的话，那么作为表现人类情感的文学也不会消失；他强调文学以语言文字为独有的"审美场域"，是"别的审美文化无法取代的"。[3] 许多

---

1 ［美］希利斯·米勒：《全球化时代的文学研究会继续存在吗？》，国荣译，《文学评论》2001年第1期，第131页。
2 李夫生：《批判"米勒预言"的批判——近年来有关"文学终结论"争议的述评》，《理论与创作》2006年第5期，第7—8页。
3 童庆炳：《文学独特审美场域与文学入口——与文学终结论者对话》，《文艺争鸣》2005年第3期，第72页。

学者也从文学区别于当代各种视觉艺术的审美特征出发，论证文学存在的不可取代性。与此相反，也有学者从后现代条件下文学被边缘化的意义上赞同米勒的"文学终结论"，如余虹认为，在艺术分类学眼界中的"文学终结"指的是文学已由艺术的中心沦落到边缘，其在艺术大家族的主导地位已由影视艺术所取代，"如此这般的'文学'在后现代条件下的确成了某种过时的、边缘化的、无足轻重的东西。'文学'终结了，逃离文学当然是一种明智之举"[1]。但另一方面，余虹也区别了"文学"和"文学性"两个概念，指出在后现代语境下，消费社会、媒体信息和公共表演均呈现出文学性，后现代状况具有文学终结和文学性统治的双重特性。此外，还有第三种情况，有的学者以比较客观、辩证的态度解读米勒的"文学终结论"，如金惠敏从"文学即距离"的观念出发，认为米勒敏感地感到，在全球化的电信时代由于"行动没有距离"造成了文学对自身的取消从而提出"文学终结"的预言，这是有很强的现实针对性的，至少是应引起我们足够警醒的。[2]

可以说，在米勒提出这一观点的头几年里，学界对之持批评态度的占主导地位。但是，中国学者的讨论无论是批评还是赞同，同样都透露出一种对文学未来命运的浓重的焦虑情绪。对他们来说，米勒的观点究竟在何种语境、何种意义上提出并不是最重要的，或者至少不是最主要的关注点，重要的是米勒的这一宣告似乎敲响了文学的"丧钟"，这令中国的文学研究者在情感上难以接受。于是，学者们从"情感"、"审美"、"文学性"、"文学距离"等各个角度出发，论证文学存在和继续存在的必然性与合理性，证明文学有其恒定的、不可能被其他文化形式取代的独特价值，它顶多被"边缘化"，而终究不可能终结。

---

[1] 余虹：《文学的终结与文学性蔓延》，《文艺研究》2002年第6期，第17页。
[2] 参见金惠敏：《趋零距离与文学的当前危机——"第二媒介时代"的文学和文学研究》，《文学评论》2004年第2期。

2005年之后，中国学者看待这个问题更为冷静，他们不再急于给文学套上"免死金牌"，而更倾向于对"文学终结论"进行周密的学理分析和同情式阅读和理解。例如赖大仁就发现，米勒所谓的"文学终结"实际上"根源于它的研究对象即传统文学形态的终结"，主要是指"过去在印刷文化时代占据统治地位的一些因素"的丧失，而无论从文学研究活动还是从米勒本人继续从事着文学研究的事实来看，终结论本身是"一个充满深刻矛盾和张力的悖论式命题"。赖大仁由此认为，重要的不是某些科学技术的现实条件，也不是人们乐观或悲观的情绪，而是"要有对文学与人的生存之永恒依存关系的深刻理解"，"同时还有一种与时俱进、顺时变通的开放性态度"。[1] 笔者认为，赖大仁这个看法比较客观、辩证，值得重视。肖锦龙更是明确指出，米勒的观点之所以在中国引起如此大的非议，其根本原因在于"国内的学人们在很大程度上误解了米勒的命题"，他们没有真正领会到"米勒'文学终结论'中的'文学'不是指一个独立的学科门类，而是指一种产生在特定的时代、具有特定的含义的文化建构物，是指一种独特的文化话语"；由于中西社会和文化语境的不同，使得国内学界学人们只是用"一贯的本质主义的文学概念去硬套米勒的后结构主义意义上的文学"，陷入了严重误读的境地，对米勒的反驳"压根就是跑了靶，是无的放矢的"。[2] 周计武也指出，米勒是从现代西方的文化体制中去反思文学和文学研究的，"在实然层面，现代文学观念在全球化的电信时代遭遇了前所未有的危机"，但是"米勒并没有给文学和文学研究写悼词！"因为，"在应然层面，文学和文学研究依然具有永恒的魅力和存在的价值"：它是"文化自我表现和

---

[1] 赖大仁：《文学研究：终结还是再生？——米勒文学研究"终结论"解读》，《学习与探索》2005年第3期，第108页。

[2] 肖锦龙：《希利斯·米勒"文学终结论"的本义考辨》，《兰州大学学报（社会科学版）》2007年第4期，第19页。

自我建构的一种存在方式"、"理解修辞、比喻和讲述故事的必不可少的手段"以及"重视他者文化和理解他性的一种必要方式"。[1] 应该说,这些观点比较符合米勒的本意,同时也是对前几年激烈批评米勒观点的某种纠偏和修正。

至此,中国学者对米勒的"文学终结论"从一开始的误读和批评,逐渐转为一定程度上的理解,并在若干问题上达成了一些共识。首先,米勒所说的"终结"了的"文学"是有特定条件和范围的,是历史建构和变动的,并不是普泛和固定不变的;其次,文学在当代经济社会的重大转型中确实存在某些方面、某种程度上"边缘化"的趋向;再次,最为普遍和宽泛意义上的文学,作为一种特殊的语言形式和文化现象仍将长期存在,并在人类生活中继续发挥作用。尽管学者们在这些方面的具体表述各有不同,但如果仔细品味这些表述中的立场和情绪变化,我们可以发现,学者们对待米勒的"文学终结论"不再像一开始那样焦虑、不安和坚决拒斥了。相反,在一些学者对米勒的观点做出更同情、体贴的诠释之余,我们甚至多少能够感受到其中传达出一些微妙的乐观情绪——文学确实在"局部"失利了,但它获得了某种更为基础性的"胜利",且这种胜利使得"文学"的存在根基更为牢固。

然而,笔者想进一步指出的是,围绕"文学终结论"展开的一系列论争显示的不只是中国学界对于米勒及其文学观念的特殊兴趣,更重要的是,"文学终结"这一话题实际上聚集了中国文艺学学科在进入新世纪这十多年来,对自身的研究对象、学科建制、理论方法等多个方面的总结、讨论和反思。所以,再度回顾这场论争,我们不仅要探明米勒"文学终结论"的真正含义,更要从论争中挖掘和梳理本国文艺学界真正关注的核心问题,观察论争过程中人们的分歧和共识,解码观念背后

---

1 周计武:《再论米勒的"文学终结论"》,《文艺理论研究》2011年第4期,第43—44页。

的学术和文化、政治因素，从中窥探中国文艺学发展的内在逻辑。这正是我们总结和思考米勒"文学终结论"中国之旅的意义和价值所在。

二、对米勒"文学终结论"本义的考辨

为了回答上述问题，我们首先要对米勒"文学终结论"的本义进行考察辨析，即米勒究竟在什么意义上谈论"文学"，又在什么意义上指明了它的"终结"。实际上，对于这个问题，米勒在最初引起学界讨论的《全球化时代的文学研究还会继续存在吗？》这篇文章中，已经有所界定："在西方，文学这个概念不可避免地要与笛卡尔的自我观念、印刷技术、西方式的民主和民族独立国家概念，以及在这些民主框架下言论自由的权利联系在一起。从这个意义上说，'文学'只是最近的事情，开始于17世纪末、18世纪初的西欧。"[1] 这里已经把"文学"确定为西欧近代经济社会和思想文化现代转型过程中多种因素综合作用、动态建构的产物，是在特定时空中、特定历史条件下生成的狭义的"文学"，而不是从来就有、覆盖古今的普遍意义的"文学"。在稍后的 2002 年，米勒出版了《论文学》(*On literature*)[2] 一书，对"文学""终结"的特殊含义做了极为明晰的论述。[3] 该书以一种看似矛盾、实则辩证的论述起首，把文学是否终结的问题直接而尖锐地推到我们面前：

文学就要终结了。文学的末日就要到了。是时候了。不同媒体

---

[1] ［美］希利斯·米勒：《全球化时代文学研究还会继续存在吗？》，国荣译，《文学评论》2001 年第 1 期，第 132 页。

[2] J. Hills Miller, *On Literature*, London: Routledge, 2002. 中译本《文学死了吗？》，秦立彦译，桂林：广西师范大学出版社，2007 年。

[3] 此书以反问语气的"再见吧，文学？"("Farewell Literature?", *On Literature*, p. 1) 开篇，一开始就具有否定"终结论"的意味，难怪该书的中译本取名《文学死了吗？》，好像 2000 年米勒没有提出过"文学终结论"似的。

有各领风骚的时代。文学虽然末日将临，却是永恒的、普世的。它能经历一切历史变革和技术变革。文学是一切时间、一切地点的一切人类文化的特征——如今，所有关于"文学"的严肃反思，都要以这两个互相矛盾的论断为前提。[1]

米勒深刻地把"文学"置于两个尖锐对立的命题之下进行极为严肃的理论思考，非常全面、辩证地表明了他的"文学终结论"的特定含义。很清楚，在他看来，历史建构起来的现代意义上的狭义"文学""就要终结了"；而作为超越时空的"一切人类文化的特征"的广义"文学""却是永恒的、普世的"，不会终结的。[2] 米勒援引《牛津英语大辞典》（*OED*）中对"文学"概念的解释，指出人们现在所熟悉的、狭义的"文学"，即以印刷技术为背景、以"美的形式"和"情感影响"为主要特征的文学，至少可以追溯到18世纪中期的英国、法国。在英国，主要是约瑟夫·华顿和托马斯·华顿（Joseph and Thomas Wharton，1722—1800，1728—1790）的研究，赋予了"文学"以其现代定义。"而随着新媒体逐渐取代印刷书籍，这个意义上的文学现在行将终结"[3]。显然，在米勒的语境中，将要终结的"文学"具有明确范围和指向，它不是泛指各类文学作品和写作活动，而是指一种有着特定历史地理起源，以印刷技术为背景，被近代哲学、文化和理论话语建构起来的文学观念。

具体来说，现代意义上的"文学"观念的产生有以下条件，反过来，也正是这些历史性的条件共同塑造了"文学"的现代特征：其一是17、18世纪印刷术大规模发展，书籍的大量传播普及由此而使得识字

---

[1] Miller, *On Literature*, p. 1. 中译见［美］米勒:《文学死了吗？》，第7页。
[2] 可惜，由于《论文学》（*On literature*）的中译本出版在2007年中国学界批判其"终结论"高潮过去之后，大部分中国学者对他后一方面的"文学永恒论"并不了解，之前的某种误读、误解在所难免。
[3] Miller, *On Literature*, p. 2. 中译见［美］米勒:《文学死了吗？》第8—9页。

人口快速增长,"文学"的阅读者也迅速增多。其二是这种狭义"文学"与 17 世纪后的西方现代民主体制的出现有关,现代民主国家逐渐发展出普及性教育,国民开始拥有获取出版新书的权利。其三是现代民族国家的兴起导致欧洲拉丁语趋于衰落,而现代意义上的"文学"正是以各民族国家的语言和各地方言为主的俗语文学,于是就伴随出现了"民族文学"的观念。其四,米勒认为西方现代文学观的确立还与现代研究性大学的出现有关,他独具慧眼地发现大学培养出的作者大大影响了人们的文学观,如德国浪漫派批评家,英国的华兹华斯(William Wordsworth)、马修·阿诺德(Matthew Arnold)等都接受了现代大学的教育,阿诺德将文学作为道德的承载工具,使得现代的"文学"在教育体系中兼具了知识和道德教育的双重任务。其五,现代民主体制的另一个重要特征是言论自由,这样一方面使文学获得了几乎可以言说和虚构一切的权利,"体现了不承担指称责任的自由"[1];另一方面也使作家的责任大为增强,"作家们实际上不仅被迫为文学作品中表达的思想负责,也为这些作品所产生的政治或社会影响负责"[2]。其六,近代哲学对于"自我"的发现和确立。笛卡尔的"我思故我在"可以说开创了"自我"这一主体性哲学的传统,而"文学的整个全盛时期,都依赖于这样那样的自我观念,把自我看成自知的、负责的主体"[3]。其衍生的便是一种新的作者权和版权观念。总而言之,在米勒看来,现代西方这个狭义的"文学"观念乃是由以上特定时代的经济、政治、社会、思想、文化等多重因素共同作用,历史地造就和建构起来的。它不是永恒、普遍的。而在当代,这个狭义"文学"(观念),由于它的诸"共生因素",即上述种种现代"文学"(观念)存在的前提,受到了当代全球化电信时代的巨大冲击,正在边

---

[1] Miller, *On Literature*, p. 6. 中译见[美]米勒:《文学死了吗?》,第 12 页。

[2] Ibid. 中译见同上,第 13 页。

[3] Ibid., p. 7. 中译见同上,第 14 页。

缘化，并逐步走向终结。这正是米勒"文学终结论"的真实含义。这种"终结"现象，在米勒那里，主要是指，这一狭义"文学"观念统摄下的文学创作及作品，也在冲击下被大大地边缘化和削弱了。米勒认为，电信时代对文学和文学研究的冲击表现在多个方面，笔者将其归纳为以下几点：

第一，电信时代改变了人们的感觉结构。正如麦克卢汉（Marshall McLuhan）所言："任何新媒介都是一个进化的过程，一个生物裂变的过程。它为人类打开了通向感知和新型活动领域的大门。"[1] 在印刷时代，人们的信息获取和文学传播主要依赖纸质和文字媒介；而在电信时代，人们更容易通过电视、电影、互联网等媒介接收外界信息。纸媒无论从传播速度、广度还是对人的感官冲击力来说，都无法与电子媒介相提并论。电信时代的造梦术让人们沉溺其中，通过大量信息和图像直接影响人的感官，其巨大的感性操控力甚至超过人的理性思考。从凝神于文字到陶醉于图像，电信时代的媒介技术在改变信息形态的同时，也影响到人对外界事物的认知，不仅改变人们的精神、文化生活，也塑造和改变着人们的世界观、意识形态和政治生活。米勒认为："新的通信技术在形成和强化意识形态方面有很大的作用。它们通过一种梦幻的、催眠的吁求来达到这个目的。"[2] 相比之下，文学在人们的精神、幻想和社会生活中的作用则逐渐削弱，原来使人像包法利夫人、堂吉诃德那样"做梦"的文学，如今其功能已被电视、电影这类图像媒介，或是互联网取代了。

第二，电信时代催生了网络虚拟社区，民族独立国家的自治权力减

---

[1] ［加］埃里克·麦克卢汉、［加］秦格龙编：《麦克卢汉精粹》，何道宽译，南京：南京大学出版社，2000年，第422页。
[2] ［美］希利斯·米勒：《全球化时代的文学研究还会继续存在吗?》，国荣译，《文学评论》2001年第1期。

弱。如果说传统印刷业巩固了民族国家的语言和文化认同,灌输了连续性的国家意识形态,互联网、电信传媒则打破了这种连续性,它挑战了个人空间的私密性和公共空间的稳固性。虚拟社区使人们产生"天涯若比邻"之感,跨国界、具有普遍意义的价值观念、道德伦理也更容易得到传播。甚至,有些人认为:"让我控制所有的电视台和所有的无线电广播电台,我将能够控制整个世界。"[1]随着互联网的深度普及,人们对印刷物的依赖度越来越低,原先借助文学树立的民族边界意识也将越来越被削弱。

第三,电信时代改变了主客体二元对立的思维模式,人的自我认知走向多元,主体发生了分裂和变化:在打电话的"我"不同于在互联网上的"我",不同于看电视的"我",也不同于日常生活中的"我",每一个主体都在不同媒介中呈现出多副面孔。从笛卡尔到胡塞尔哲学传统所依赖的主客体边界在电子媒介中消解了,"电影、电视或因特网的屏幕既不是客观的,也不是主观的,而是一线相连的流动的主体性的延伸"[2]。换言之,在电信时代,作者与读者、文化的生产者与受众,边界不再清晰,他们之间的关系往往是流动和可延展的。这同样导致了以"作者"为核心的文学观念的逐步消解。

第四,新的电信通讯媒介还在改变着大学精神和学科建制。17、18世纪西方的大学以人文主义思想为主导,人们对待前代作者的典型态度就是"不再是和我们具有同等地位的朋友,而是精神之父,他们的重要性在于他一成不变地成为后来的接受者的知识的源头"[3]。大学的文学教育在这一精神指导下,成为著名的英国文学批评家 F. R. 利维斯

---

[1] [美]希利斯·米勒:《全球化时代的文学研究还会继续存在吗?》,国荣译,《文学评论》2001年第1期。

[2] 同上。

[3] [瑞士]瓦尔特·吕埃格主编:《欧洲大学史》第二卷《近代早期的欧洲大学(1500—1800)》,保定:河北大学出版社,2008年,第40—41页。

（F. R. Leavis）所说的"伟大的传统"的传承者。而随着电信时代和经济全球化的到来，"大学再也不是自我封闭的、只服务于某个国家的象牙塔，它越来越多地受到那些跨国公司的侵扰，得到它们的资助并为其利用"[1]。这样，大学也不能只按照传统方式来研究和教授文学，必须打破单一的文化视角和以本民族为主体的文化中心主义，具有更加广阔的全球化视野。在另一篇文章《在大学全球化和新电信王国中比较文学还能生存吗？》中，米勒认为当今的大学中，文学研究、文化研究这类人文学科，其作用不再是灌输民族国家的价值观念和意识形态，而是"帮助我们理解自己国家以及世界上其他国家，从而在全球经济中更具有竞争力"[2]。也就是说，如果17、18世纪的文学是伴随着民族国家的诞生而诞生的，因而大学文学教育具有加强国家、民族意识功能的话，那么，电信时代的大学文学教育和文学研究则需要人们放眼世界，不将目光局限在某一国家、某一地区之内。

第五，电信时代英美文化研究的崛起和迅速传播对传统文学研究形成强大冲击。米勒引证并认可了德里达的相关看法，指出："随着从书本世界到超文本世界这一划时代的加速进行，我们以前所未有的快捷步子，给引入到一个新的充满威胁的生活空间。诚如德里达近年在一个研讨班上中肯地指出，这个新的电子空间，这个电视、电影、电话、视频、传真、电子邮件和互联网空间，已经从根本上深切地改变了自我、家庭、工作场所，以及民族-国家的政治学。"[3] 米勒并对德里达的观点从大学教育的角度做了进一步的发挥，认为这样一个电子化、新媒

---

1 [美]希利斯·米勒：《全球化时代的文学研究还会继续存在吗？》，国荣译，《文学评论》2001年第1期，第132页。

2 J. Hillis Miller, "Will Comparative Literature Survive the Globalization of the University and the New Regime of Telecommunications?" *Tamkang Review*, Autumn 2000, No. 1.

3 Hillis Miller, "Literary and Cultural Studies in the Transnationonal University". In: *"Culture" and the Problem of the Disciplines*, New York: Columbia University Press, 1998, pp. 49–61.

体时代，从根本上改变了人文学者之间以及与其工作的联系方式，使大学人文学科的文学教育也发生"转型"，文化多元主义理念取代了文学经典具有永恒价值的传统观念，进而导致大学传统的文学系逐步自我解构，走向文化研究；而且，大学文学教师和研究人员的主体已经年轻化了，他们相当程度上是在一种电信时代新型的消费主义的视觉和听觉文化中成长起来的，研究大众文化、电影和流行刊物等等，自然是他们的不二选择。所以，从研究主体角度看，文学研究转向文化研究是顺理成章的。

以上五点，是米勒心目中电信时代造成的现代"文学"和文学观念受到巨大冲击、走向衰微的最重要原因，也是他提出"文学终结论"的主要根据。不过，应当强调指出，如前所说，米勒认为将要"终结"的"文学"，指的是17、18世纪以来建构、形成的"文学"观念及此观念所涵盖的包罗万象的文学现象和各种类型、体裁的文学作品的总称。这种狭义"文学"是印刷时代的产物，"作者"作为主体在其中占有主导地位。并且，这类文学曾经作为民族国家身份认同的重要精神资源，构成了西方人文主义传统的主要脉络。而"终结"则是指这种狭义的"文学"观念及其所指的文学现象、形态逐步走向衰落和边缘化的趋势。正是电信时代的到来及其引发的一系列连锁反应使这种历史建构起来的狭义"文学"观念呈现出某种走向终结的趋势。它既不是文学在一般意义上的"死亡"[1]，也不是黑格尔意义上因哲学、宗教对艺术的超越而造成的艺术"解体"和"终结"。由是观之，中国学界对米勒的观点从一开始就存在着某种误读，如认为米勒否定了文学的审美特性，或认为他为视觉文化取代文学推波助澜，甚至认为米勒宣告了文学将被排除出人类精神生活的悲剧命运。但实际情况并不如此，米勒在别处向我们暗示了

---

[1] 在语义上，"终结"（end）与"死亡"（death）无论在中文还是英文中都有重要区别。

另一种相反的永恒的"文学"——一种更为宽泛意义上的、不受传统狭义"文学"观念制约的"文学"的实际存在及其强大生命力,他本人相信:"文学或'文学性'也是普遍的,永恒的。它是对文字或其他符号的一种特殊用法,在任一时代的任一个人类文化中,它都以各种形式存在着。"[1] 至此,我们完全可以理解米勒所言"如今,所有关于'文学'的严肃反思,都要以这两个互相矛盾的论断(按:指'文学终结'与'文学永恒')为前提"之深刻性和辩证性。

三、"终结论"与文学研究的新起点

那么米勒提出"文学终结",也就是 17、18 世纪以来特定的"文学"观念将消亡,其意欲何在呢?从他的后续写作和研究来看,笔者认为他主要有两大目标:一是重新发现、界定和论述"文学"的某些特性,而这些特性一度被传统文学观念和文学理论遮蔽;二是对文学学科在电信时代被边缘化的危机处境和地位进行深刻反思,以便更新文学理念、理论和研究方法,进而促成文学研究范式的转换。在这个意义上,米勒的"文学终结论"不是为文学敲响丧钟,相反,是尝试为文学研究确立更好的开端和新的起航。

我们看到,在《论文学》这本书中,米勒从文学作为语言的艺术这个传统观念出发,却以一种具有解构主义意味的语气首先强调,文学是具有陌生性、异质的、独特的语言,它们"互相之间都是没有可比性的。每个都是特别的、自成一类的、陌生的、个体的、异质的"[2]。这不仅意味着文学语言是独特的,也意味着它塑造的世界、包含的意蕴都是独特的。由此,米勒把文学语言与理论语言(包括文学理论、文学研究的

---

1 Miller, *On literature*, p. 13. 中译见[美]米勒:《文学死了吗?》,第 21 页。
2 Ibid., p. 33. 中译见同上,第 51 页。

语言）区别开了。他引用德里达的比喻，将文学比作蜷成一团的刺猬，每部作品都像刺猬一样，自成一体，同时又有刺包围着，成为一个单独空间而与外界隔离。也就是说，文学作为一种独特的语言运用方式，是无法被理论语言解释穷尽的。在米勒这里，文学语言与研究、阐述文学的理论语言又成为一组矛盾。文学的价值和"真"正在于它的语言表述本身，以及它创造出的虚构世界。但是由于上述电信时代"文学"的边缘化及其社会功能的削弱，才需要文学理论对其进行分析、说明和阐释，即提高了理论的地位和需求度。但由于理论语言的一般性与文学语言的独特性之间的天然矛盾，文学理论和研究往往会隐藏、掩盖文学语言的独特性、陌生性，将它中性化、一般化，变成人们习以为常的事物，这些做法包括"把作品与作者联系起来，或者努力展示它是该历史时期和地点的典型之物，或能代表其作者的阶级、性别或种族，或将其看成物质与社会世界的一个映像，或将其与文学语言的普遍运作规律方面的观念拉上关系"[1]。总之是要把文学研究变成文化研究、理论研究，通过理论化，消除文学语言的魔力，掩藏文学语言本有的独特性，平息文学陌生性给人带来的畏惧。米勒甚至别出心裁地将狭义的"文学"与文学理论尖锐地对立起来，并将文化研究、文化理论操控下的文学理论看成文学"终结"、"死亡"的重要推手。他虽然不无夸张却极为精辟、深刻地指出，"文学理论的繁荣标志着文学的死亡"，"理论不仅记录了文学即将死亡（文学当然不会死亡），同时又促成了这一'不死之死'"。[2]这也是他提出"文学终结论"的另一理由，同时，也明显地体现出米勒的矛盾心态：一方面，他对席卷西方的文化研究（理论）思潮的必然性总体上给予肯定，采取顺势而为的态度；另一方面，他对文化研究远离传统的文学和文学观念，掩藏文学语言的独特性，甚至压抑、阻碍、扼

---

[1] Miller, *On literature*, p. 34. 中译见［美］米勒：《文学死了吗？》，第 52 页。
[2] Ibid., p. 35. 中译见同上，第 54 页。

杀文学的生长，流露出某种忧虑。换言之，他对"文学"，即使是狭义"文学"和"文学"观念走向终结的趋势，也抱有一定的哀伤留恋之情。这同他前面所持的对"文学"终结抑或永恒的矛盾心态是一脉相承的。

其次，米勒认为，与文学语言独特性相关，文学还有一些衍生性的特征，如文学保有自身的秘密，它可以不将所有信息都提供给读者，就像海妖之歌，既危险又充满诱惑；更重要的是，文学还大量使用修辞性的语言，这种修辞语言创造了事物之间的相似性，赋予人物以生动形象。总之，"文学可以定义为一种奇特的词语运用，来指向一些人、物或事件，而关于它们，永远无法知道是否在某地有一个隐性存在。这种隐性是一种无言的现实，只有作者知道它，它们等待着被变成言语"[1]，也就是被变成读者理解、体验的语言。这就在事实上把读者引入了文学的语言活动之中，把单一的作者主体变为作者与读者交互的双主体，也就是对文学的本质从双主体的语言交流角度做了新的界定。这本身是对传统狭义"文学"观念的创造性拓展。

更有独创性的是，米勒还借鉴了言语行为理论，对上述作为双主体的"文学"看作具有施行性（performativity）的语言。"施行"是言语行为理论中的术语，指通过词语来做事，它不只是指出事物的状态，而且是让事情发生，这与单纯描述事物状态的"记述"语言不同。米勒认为，文学作为施行性语言，它开辟了文学的想象性世界，并引导读者进入这个想象性世界。他说："文学中的每句话，都是施行语言链条上的一部分，逐步打开在第一句话后开始的想象域。词语让读者能到达那个想象域。这些词语以不断重复、不断延伸的话语姿势，瞬间发明了同时也发现了那个世界。"[2] 文学作为施行性语言，必定要求读者做出回应，通过阅读积极参与其中。这表现为一种读者对作品的信任："面对作品的

1　Miller, *On literature*, p. 45.［美］米勒：《文学死了吗？》，第 66—67 页。
2　Ibid., p. 38. 中译见同上，第 57 页。

召唤，读者必须说出另一个施行的言语行为：'我保证相信你。'"[1]也就是说，只有接受文学作品的施行性语言的特殊规则，读者才能真正进入这个作品。在此，我们可以看到这种独特"文学"观念背后有着接受美学的影子，同时又有着对接受美学的某种超越。

再次，从这些文学的语言特性出发，米勒还提出了文学阅读的两种看似悖论的方式——"天真的方式"与"去神秘化的方式"。所谓"天真方式的阅读"也是米勒所说的"疯癫的阅读"或"快板的阅读"。因为如果每个文学作品都打开了想象性空间和独特的世界，并且召唤着读者进入，那么"阅读就应是毫无保留地交出自己的全部身心、情感、想象"[2]，读者像孩子一样天真、毫无保留地投身到阅读中去，甚至能在心中制造狂喜和癫狂。这同时也是"快板的阅读"，需要读者的眼睛快节奏地在文字上舞蹈。所谓"去神秘化方式的阅读"则是缓慢和批判的阅读，要怀疑和品读作品的每一处细节，尽可能揭示语言的魔法，关注作品是怎样打开了世界的。"去神秘化方式的阅读"又可以分为两种——"修辞性阅读"和"批判性阅读"。"修辞性阅读"需要"密切注意魔法生效所用的语言技巧：观察比喻是如何使用的，视角是如何变化的，还有那极为重要的讽刺"[3]，这接近于新批评派所说的"细读"，当然不完全相同。"批判性阅读"则是要"质疑文学作品如何灌输关于阶级、种族或性别关系的信条。这些被看成是人观看、判断、行动的模式，被表现为客观的真实，但实际上是意识形态的"[4]。"批判性阅读"是要摘下语言的面具，揭示其背后的文化和意识形态真相，这正是美国学院流行的"文化研究"的做法。

---

1 Miller, *On literature*, p. 38. 中译见［美］米勒：《文学死了吗？》，第 58 页。
2 Ibid., p. 124. 中译见同上，第 173 页。
3 Ibid., pp. 122–123. 中译见同上，第 178—179 页。
4 Ibid., p. 123. 中译见同上，第 179 页。

但值得玩味的是，米勒作为学院中人，深知批判性阅读在主流学术体制中的重要性，并且也积极参与其中，然而从内心情感上来说，他仍然留恋或者偏向于前一种阅读，也就是全身心投入、沉浸和体验式的传统阅读方式。在《论文学》的结尾，米勒衷心"赞扬天真的阅读"，他怀念自己第一次阅读《瑞士人罗宾逊一家》时的天真的轻信，认为这种对文学的感情投入、把自己献身其中的感觉正是过于理性的批判性阅读所无法比拟的。后者不仅阻止文学体验，还要用理性为文学的情感性祛魅。从这个角度来说，有些中国学者指责米勒"文学终结论"忽略了文学的感性体验和审美性，忽略了文学的永恒魅力，其实并不符合米勒的本意，确实存在误读和偏颇。

当然，米勒也并不因此就否定文学的批判性阅读和曾经引领学术主潮的文化研究。他对电信时代文学处境的分析表明传统人文主义的文学研究已经走向末路，如今的状况是学院派的文学研究要么走向文化研究，要么改变原来的研究范式，走向修辞性阅读。"修辞性阅读"是米勒对解构主义的另一种称法。在 2001 年与一位中国学者的对谈中，米勒提出，"修辞性阅读"是探寻文学语言的别异性或另类性的方法，具有"文化研究"所无法替代的功能。首先，修辞性阅读具有认知功能，它像科学一样，必须尽可能冷静客观地"询问一个既定的文本究竟说了什么、想说什么、追询意义怎样为文字所生成"[1]，它能够提供关于文学文本的"知识"。其次，修辞性阅读有助于打碎僵化的公理和观念，提供前瞻性的观念，"为新型的民主、新型的义务和创造性责任"[2]开辟道路。中国学界对于解构主义往往抱有一些偏见，认为解构主义具有"只破不立"或是"犬儒主义"倾向，但米勒认为的"修辞性阅读"一方面要从

---

1 ［美］米勒：《土著与数码冲浪者：米勒中国演讲集》，金惠敏编，长春：吉林人民出版社，2004 年，第 176 页。
2 同上。

对文本的细致解读出发，另一方面还要通过"解构"来扫除既有的僵化观念和价值前提，释放文学批评所特有的政治效能。实际上，这乃是"破"中有"立"。而从方法上来说，修辞性阅读不是将文学作为现实或政治的直接再现，而是从分析和关注语言的特殊性、别异性入手，弄清文本的意义的复杂性，"就是这样一种以揭示语言的别异性为己任的阅读……找出这些怪异究竟意味着什么，并结合着对整个作品的读解——说明这些怪异何以会出现，但最终之目的则是要在这些怪异的相互关联中尽可能地烛显出更多的该作品的特色"[1]。显而易见，米勒的修辞性阅读绝不仅是单纯的"破"和"解构"，更重要的是，通过"揭示语言的别异性"，最终在复杂的关联中显示（建构）出文学作品的整体特色。这里，米勒一是坚持了文学阅读从其文本语言解读入手，即尊重文学的语言本性；二是尊重文学作品审美的整体性，主张文学阅读要在"相互关联中"，"结合着对整个作品的读解"来展开。这表明，即便在"去神秘化的"修辞性阅读中，米勒实际上仍在某种程度上悄悄地坚守和维护着狭义"文学"观念的传统思路。

应当指出，米勒上述关于读者和文学阅读的一系列论述，同样属于米勒对"文学"本质理解的另一重要方面，而不仅仅局限于对文学作者和文本特性的概括。也就是说，米勒的阅读理论，对于我们理解其"文学终结论"的内在矛盾也很有帮助：一方面，作为文化研究的倡导者，米勒更重视学院派的"去神秘化的"修辞性阅读，而贬低传统文学观念支配下的"天真的"审美阅读，认为它正在走向衰退；另一方面，米勒内心深处却依然留恋着"天真的"审美阅读，给它留下了一席之地。换言之，从读者阅读角度看，即使对狭义的"文学"是否真的走向终结，米勒也是有保留的；而且，对这种"终结"趋势，米勒并非完全肯定，

---

[1] ［美］米勒：《土著与数码冲浪者：米勒中国演讲集》，第181页。

而是有所忧伤、有所抵御的。

还需要提及的是,米勒认为,电信时代和传统"文学"观念的终结还导致比较文学研究出现危机;并且这种危机主要不是理论和方法危机,而是更广泛的语言危机。他指出:"无论是语言之间的翻译,文化之间的翻译,还是从亚文化到另一亚文化之间的翻译,都十分棘手。"[1] 米勒主要是从全球化角度来思考这个问题的。他认为美国的比较文学研究以英语为主要语言,使得其他语言的作品要么在翻译过程中失却了原来的文学意蕴,要么被切断了它与自身传统的关联,这导致人们实际上无法真正理解非英语的文学作品,更遑论"比较"研究了。他认为,这种以英语为主导的研究,正是比较文学西方(欧洲)中心主义的表现。而传统比较文学的缺陷正在于它预设了民族国家及其文学的区隔与自足性。然而,进入电信时代,随着民族边界意识的打破,需要发展出"新型全球性的、非欧洲中心化的比较文学"[2]。米勒认为,解决这个危机的方法就是要像人类学研究某种文化那样,去学习相关的语言,"所有的文本都要以它自身的名义被阅读,也就是用原文的语言来阅读,根据文本本身根植的文化所预设的阅读方法来阅读"[3]。换言之,米勒认为只有阅读"原汁原味"的一手文献,还原研究对象所处的文化语境,才能真正打破一元论的西方中心话语,走出比较文学的语言危机。米勒的这一观念很大程度上来源于文化研究的启示。他看到文化研究的一大优势在于认识到民族国家并不是铁板一块的,其内部有着无限多的区分,具有多语言、多文化、多伦理、混合杂糅的特点,同样,比较文学也需要具有跨国的全球化视野,认识他国的文化丰富多样性,如此才能激发研究活

---

[1] [美] 米勒:《比较文学的(语言)危机》,李元译,载[美]米勒:《土著与数码冲浪者:米勒中国演讲集》,第75页。

[2] 同上,第88页。

[3] J. Hillis Miller, "Will Comparative Literature Survive the Globalization of the University and the New Regime of Telecommunication?" *Tankang Review*, Autumn 2000, No. 1.

力。此处虽然不是讲"文学",而是讲文学研究,主要是比较文学研究,但是,其视野是跨文化、跨学科的文化研究。比较文学面临的危机,首先是其研究对象——文学的危机。就是说,在文化研究视域下,文学确实有走向边缘化乃至终结的危机。这也同样为其"文学终结论"提供了某种间接支持。

综上所述,国内有些学者认为米勒是"文学终结论"无条件的鼓吹者,这很大程度上是一种误解。从米勒自己的研究方法和路径来看,他恰恰是广义"文学"的坚定捍卫者,通过宣告旧"文学"观念的终结,提醒人们注意文学的当代处境,思考文学研究的新方法,探寻学科的新出路。在一次访谈中,当中国学者希望米勒在文化研究的版图中为"文学研究"确立一个位置的时候,米勒说:"我希望文学研究本身能够以某种方式继续下去;这一方面是因为我想即使书籍的时代过去了,被全球电信的世纪取代了,我们仍然有必要研究文学,教授'修辞性阅读',这不只是为了理解过去,那时文学是何等的重要,而且也是为了以一个经济的方式理解语言的复杂性,我想只要我们使用词语彼此间进行交流,不管采取何种手段,语言的复杂性就依然是重要的。"[1] 可见,米勒仍然十分重视文学作为一种特殊语言形式的存在价值,而文学研究也仍然有其重要意义。所以"文学终结"与其说是米勒对当下文学处境的"理论定性",不如说是他对电信时代中文学和文学研究转型的某种"喟叹"和修辞性表述。

四、"文学终结论"的中国旅行与学术语境

透过上述分析,我们似乎可以得出这样一个结论:中国学者对米

---

[1] [美]J.希利斯·米勒、金惠敏:《永远的修辞性阅读——关于解构主义与文化研究的访谈—对话》,载[美]米勒:《土著与数码冲浪者:米勒中国演讲集》,第183—184页。

勒的"文学终结论"反应过度了。尤其在争论之初,人们更多地震惊于这一局部论断,而没有将其放入米勒原本的语境中进行考察。米勒本人更多地是从美国的社会、经济、历史和学科状况出发,而他的中国同行却倾向于认为米勒是要对整个文学现状做出某种普遍化论断,这实在是非常大的误解。所以,据笔者观察,米勒关于"文学终结"的论断当时在美国学界乃至整个西方学界并未引起如此巨大的争论,即使全面论述"文学终结论"的复杂含义的《论文学》以通俗文学理论读物的形式在 2002 年出版后,在西方学界和读者中,反应非常平静,然而在中国却由于语境的不同招来诸多争议。但是,如果对这场争论的观察就此戛然而止,那么可以说米勒的"文学终结论"及其引发的误读,其背后的成因和真正意义仍未得到充分揭示。正如萨义德在《旅行中的理论》("Traveling Theory")一文中所言:"观念和理论从一种文化向另一种文化转移的情形特别值得玩味。"[1] 并且批评家的工作就是"对理论提出抵抗,使它向着历史现实、向着人类需要和利益开放,彰显这些从释义领域之外或刚刚超出这领域的日常现实中汲取来的具体事例"[2]。对米勒"文学终结论"的中国旅行也同样应当作如是的考察和思考。

我们注意到,2000 年前后,即米勒在中国提出"文学终结论"之际,中国文艺理论界的理论关注点有明显变化,特别是对"图像转向"、"视觉文化"和"日常生活审美化"等问题发生了越来越强的兴趣,进行了越来越多的讨论。

"图像转向"和"视觉文化"首先是突出的当代文化特征,与电影、电视等视觉媒介相关,与传统的以文字或语言为载体的书写和阅读文化相对立。其次,"图像"在消费社会中又有其特殊含义,往往预示着身

---

[1] [美]爱德华·W. 萨义德:《世界·文本·批评家》,李自修译,北京:生活·读书·新知三联书店,2009 年,第 400 页。
[2] 同上,第 423—424 页。

体和欲望的直接袒露、视觉刺激带来的心理激荡以及非理性过度消费等等。而"日常生活审美化"则是社会生活中"视觉文化"日益占据主导地位后的直接后果，它在将感性力量引入庸常生活的同时，也降低了人们的道德感，导致某种"去"深度的思考和肤浅的日常生活实践。以上这种现象与世纪之交经济全球化进程的加速，中国经济社会的现代化、世俗化转型，以及大众文化的迅猛崛起、汹涌拓展密切相关。虽然在米勒进行北京讲演时，上述现象尚未达到全盛，但是一些敏锐的学者已经开始关注起这个问题。如2001年前后，周宪率先发表了一系列关于"视觉文化"的文章，表达了对于用"视觉文化"来描绘中国当代文化和社会生活变化的审慎态度，他认为一些西方学者将"视觉文化"作为后现代社会的基本特征，而"中国目前正处于迈向现代化的进程之中，后现代社会、后工业社会等概念与中国社会的当前特征似有距离"[1]。但另一方面，他认为如果将"视觉文化""视为消费社会和媒介文化的典型形态"，那么从中国社会目前出现的趋势来说，"视觉文化"或者说图像时代的仍然能够"描述中国当前文化的一些重要的转型和变化"可以"提供一个有价值的视角"。[2] 2002年，陶东风从总体上描述了当代社会中审美泛化和日常生活审美化的新趋势，指出"符号与图像的流动已经成为社会生活（尤其是城市生活）中的一大景观"[3]，大众文化与精英文化的边界也不再分明，进而他认为文艺学应当重建"艺术社会学"来有效回应这种新的文学／艺术状态。在接下来的几年里，随着图像化趋势愈加明显，学界关于图像与文学、与日常生活的讨论也日益增多。

此后，有的学者开始将图像时代与"文学终结"问题联系起来的思

---

[1] 周宪:《反思视觉文化》，《江苏社会科学》2001年第5期。
[2] 同上。
[3] 陶东风:《日常生活的审美化与文化研究的兴起——兼论文艺学的学科反思》，《浙江社会科学》2002年第1期。

考。如彭亚非在批评当前图像日渐演变成"暴力"和"霸权"的同时，提出文学审美的"内视性"特点，比之于图像、影像，它具有广阔无垠的审美诗意空间，这是文学永远无法为图像及其他任何艺术和审美方式所取代的根本原因，因此，文学不会终结。[1] 2005年后，这方面的探讨更加深入，如吴子林以电影与文学的关系为个案，讨论了图像化时代的文学命运，他认为："尽管现代电子媒介以极高的科技含量创造出了种种文化奇迹"，但是"语言媒介仍然是富于魅力的"，"它必然会显示出许多为其他媒介不具备因而也无法替代的独到之处，以克服诸多的审美疲劳，共同丰富着人们日新月异的精神生活"。在这个意义上，"世上只要有读者，只要人们的情感生活不至于枯竭，文学就永远不会寂寞，更不会走向所谓的'终结'"。[2] 金惠敏则从"图文战争"的角度审视了在电子媒介时代中，文学和文学研究受到图像文化冲击，与现实既疏离又更为纠缠的复杂关系。他认为图像增殖重组了文学的审美构成，瓦解了文学赖以存在的深度主体，造成了现实的文学危机；同时，新媒介制造的"拟像"一方面抽空了文学对现实的指涉，但另一方面又使其更容易被现实中的资本主义商品语法所操纵和榨取。[3] 党圣元则是从审美体验的角度，剖析了视觉文化与文学对人类精神的不同影响。他认为尽管"电视等现代影像工业的发展使得几乎所有的文化都一定程度上被视觉化，当代语境中的审美体验却日益显得难能难为"，因为"审美是对亲身体验的回味与升华，影视、电脑构建的视觉化的超文本却往往将人与自己的体验对象隔离开来，取消了亲身体验，减少了静心思索的可能，从根本上动摇了审美活动的基础"。[4] 所以在他看来，视觉文化终究无法像文

---

[1] 彭亚非：《图像社会与文学的未来》，《文学评论》2003年第5期。
[2] 吴子林：《图像时代的文学命运——以影视与文学的关系为个案》，《浙江社会科学》2005年第6期。
[3] 参见金惠敏：《图像增殖与文学的当前危机》，《中国社会科学》2004年第5期。
[4] 党圣元：《视觉文化与文论转型及其问题呈现》，《中国社会科学报》2009年7月7日，第5版。

学那样展现人类自由的本质，产生震撼人心的影响。

通过上述对2000年之后中国学界进行的关于图像和视觉文化的讨论的简要回顾，我们不难发现，学者们已经注意到文学正在面临图像的强大挤压，而传统印刷技术正受到电子新媒介的竞争和冲击。尽管人们对此褒贬不一，但从总体思想倾向来看，一方面，学者们不得不承认单一纸质媒介被新媒介取代乃大势所趋，另一方面，他们又无法掩盖对未来的焦虑和担忧情绪。毕竟对现代中国而言，文学在过去百年间承担了重要的启蒙任务，无论对开启人们的思想自由还是提高审美情趣而言，都具有不可取代的高尚地位。而电子媒介和图像文化究竟会对人们的精神世界产生怎样的影响，仍是不可完全预见的。因此，对于米勒的"文学终结论"一开始采取拒斥和批判态度，是当时中国文艺理论界多数人的必然选择。而相比中国学者"欲拒还迎"的矛盾姿态，米勒"文学终结论"实际上要明朗乐观得多。按照他的理论逻辑，文学首先要经历一个"休克"阶段，如金蝉脱壳般蜕去过去"文学"观念的外壳，然后才能在电信时代借尸还魂、焕然新生。米勒这一顺应时代大潮的姿态，对于一些相对谨慎保守的中国学者而言，一下子是难以接受的。从国情来说，2000年左右中国的互联网业尚未如美国那样发达，米勒的论断在中国难免被看作夸大其词和"唱衰"文学；从情感来说，文学受到图像和视觉文化的挤压日渐边缘化的情形已让一些中国学者忧心忡忡，而米勒的"文学终结论"无疑为这种焦虑情绪火上浇油，由此引发巨大争议也就是不可避免的事情了。

此后，随着视觉文化冲击和日常生活审美化而来的，是对文化研究盛行的反思以及对文艺学学科未来走向的讨论，尤其是对文学"审美性"的重提和强调。当时文艺理论界对中国社会是否已经"日常生活审美化"了、西方文化研究是否能直接引进和应用到中国的文艺学研究中来等问题，存在明显的分歧。一部分新锐学者接受西方文化研究思潮的影响，认为，"文学"随着当代中国社会日常生活的审美化和大众文化的铺天盖地而来，文学与非文学的界限已经日趋模糊，因此，文艺学以纯文学为研究对象的格局应当打破，他们提出文艺学研究应当实行"文化研究转向"。而大部分学者对此持怀疑和批评态度，认为中国社会远未达到日常生活的审美化，现代"文学"观念即以审美为主要特性的"文学"概念现代意义确实是历史建构起来的，但是它的边界至今仍具有相对的稳定性和有效性，因此，文艺学的"文化研究转向"是不可取的。在这一背景下，2004年童庆炳先生组织的一组文章[1]可以说是对文化研究的直接回应，同时，也间接否定了"文学终结论"。在这组讨论中，学者们多从文学的"审美性"和"文学性"立场上为文学和文艺学进行理论划界。如陈雪虎认为文学虽然具有社会性、政治性、道德性、宗教性、民俗性等多重属性和多元价值，但审美仍是文学的首要"志业"和必要条件，文学的其他属性和价值首先必须溶解在审美活动与艺术把握中。他提倡文化与文学研究的相互关照："从文化的视角透视文艺的内涵，从审美的高度烛照和批判当代文化，是文学研究在当代社会的重要承担。"[2]陈太胜在肯定文化研究提供了某些新的研究方法和视野的同时，也犀利地指出了文化研究思想上的局限——"文化研究者的目的，就是为了'获取'文本所'给予'的阶级、性别和种族的种种意识形态内涵，而一个三流或不入流的作品与一流的文艺作品的区别在这里是没有的，因为它们都是例证。文学再一次被认为是真实地反映某种思想观念，而不再是一种虚构的愉悦。同时，在这样的文化批判里，读者的主动性、读者阅读过程中所获得的审美愉悦被忽略了。"[3]笔者也曾在多篇文章中指出，当前文艺学学科的危机很大程度上不在于"日常生活审美

---

1 该组文章刊载于《河北学刊》2004年第4期。
2 陈雪虎：《文学性：现代内涵及其当代限度》，《河北学刊》2004年第4期，第103页。
3 陈太胜：《文学理论：不断扩展的边界及其界限》，《河北学刊》2004年第4期，第100页。

化"的冲击，而在于文艺学对中国当代文学发展的现实有所疏离，对信息时代大众媒介和艺术形式研究远远不够；文化研究对文艺学虽有多重借鉴意义，但是对于文学本身固有的审美维度仍需持守，把西方已经趋于衰落的文化研究拿来解决文艺学的理论危机是站不住脚的。[1] 实际上，在文化研究对文学影响的思考方面，中国多数学者与米勒的观点既有矛盾冲突之处，即不同意用文化研究来侵吞、取代文学研究，这也是他们不自觉地误解和抵御米勒"文学终结论"的重要原因；又有相通之处，与米勒后来的若干观点并没有根本的分歧，即米勒认为批判性阅读并不能完全取代对文学语言形式特殊性的关注，不能取消文学带给读者的情感体验的愉悦享受，而中国学者则大多从文学审美性的角度出发，强调文学的感性体验，力图将文学批评从政治性的文化研究中区别出来。而这正是从另一个角度表明米勒并非真正鼓吹"文学终结"的明证。

还需要强调的是，对"全球化"的接受、警醒与反思的学术语境，使得许多中国学者对米勒"终结论"所依据的前提进行质疑。相比对文化研究、文学边缘化和日常生活审美化的态度，中国学界对于"全球化"的态度更加复杂。在 2000 年，也就是在对米勒的观点出现争议之前，中国学界已经对当代的文学、文化和全球化之关系，以及如何看待"全球化"等问题形成热烈讨论。如果说米勒对"全球化"的态度主要是接受和"顺势而为"，那么中国学者的态度则要复杂得多。如戴锦华就认为，"全球化"本是具有批判性意义的语词，用来描述二战之后的全球资本主义体系，一极化的国际政治和经济格局，以及跨国公司统治的实现和贫富国家的对立，并非中国语境中"走向世界、同步于世界、人类地球村"的观念。她担忧的是，"全球化"预示着资本主义甚至是

---

[1] 参见朱立元、王文英：《对文艺学"文化研究转向"论的反思》，《天津师范大学学报（社会科学版）》2005 年第 3 期；朱立元、张诚：《文学的边界就是文艺学的边界》，《学术月刊》2005 年第 2 期。

"美国化"的文化逻辑。通过考察精英艺术和大众艺术的一些案例，她发现"全球化"是"具有巨大遮蔽力与吸纳性的权力话语"[1]，她进而提出面对"全球化"，人们应当保持几分清醒，让文学保持它的"另类"和"寂寞"，因为"文学的放逐或者文学家的自我放逐，在今日世界原本是一类'正常'的情形。从前或今日及可预见的未来，文学本是愈加'寂寞'的事情"[2]。肖鹰在考察了90年代中国文学创作的情况后，发现在"全球化"语境中，中国作为一个发展中国家遭遇了传统本土文化世界的虚空化，中国文学需要恢复个人对历史的记忆，活在自我当下的存在中，所以"怎样重建自我认同的文化—精神的象征体系，即为我们在世界的存在创造一个有意义的内在空间，是中国文化，也是中国文学的基本主题"[3]。如果说米勒更多地着眼于"全球化"的普遍性力量，它对种族、性别、阶层乃至国家、民族界限的削弱，那么戴锦华和肖鹰则看到了"全球化"对特殊之物、对异质文化产生的冲击力，它可能导致中国文学和文化的独特性和自我认同的丧失。所以米勒的中国讲演一出，童庆炳先生就非常敏锐地捕捉到了"全球化"这个观点在东西方语境中的不同意味，以及它可能对中国文学研究产生的负面效应，进而认为米勒有点言过其实了。[4]当然，也有中国学者对"全球化"抱有相对乐观的看法。王宁就认为在经济上，西方影响固然会渗透到中国社会，但在文化上，中国传统文化机制仍然强大，"全球化"策略可以用来弘扬中国文化和美学精神，所以当下重要的是"积极地介入国际性的理论争鸣，以便发出中国的声音"[5]。钱中文也认为，在当今"全球化"语境中，中国文

---

[1] 戴锦华：《文学备忘录：质疑"全球化"》，《山花》2000年第3期，第87页。
[2] 同上，第89页。
[3] 肖鹰：《九十年代中国文化：全球化与自我认同》，《文学评论》2000年第2期，第104页。
[4] 参见童庆炳：《全球化时代的文学和文学批评会消失吗？——与米勒先生对话》，《社会科学辑刊》2002年第1期。
[5] 王宁：《全球化、文化研究和中西比较文学研究》，《中国比较文学》2001年第2期，第13页。

学理论若要保持主体性，就需要面对自己的问题，"面向现代性的诉求，面向创新，面向人文价值的追求，面向重构，面向建设，面向新的理性精神"[1]。

由此可见，中国学者对于"全球化"的态度呈现某种两极化趋势，有反对，有赞同。但无论何种态度，人们关心的实际上是同样的根本问题，即中国文学如何在面对外来文化时保持自身特色，实现国际交流。而当米勒描述的"全球化"图景被移植到中国语境中时，学者们就可能对其中包含的普遍和同质化因素产生担忧。即中国当代的文学研究尚有太多对传统文化和当下历史记忆的整理研究工作要做，尚有大量宝贵的文学财富没有得到充分研究，没有走向世界成为人类共有的思想资源，何以在后现代"全球化"的西方话语中"终结"了呢？这显然是中国学者们不愿意看到的，而由此产生的对米勒"终结论"的不同理解也是情理之中的了。

通过上述分析，我们可以发现，围绕米勒"文学终结"的争论并不是单一事件，如果我们回到新世纪开端的中国文学理论语境中，会发现这场争论的发生绝不是偶然的，它契合了新世纪开端中国学界自身的核心关切，主要围绕着图像与视觉文化、日常生活审美化、文化研究和全球化等问题展开，包含了学界对文学理论的未来发展、转型和学科边界的诸多思考。文艺理论界对于构成米勒总体观点的各个理论要素尚且存有诸多不同看法和争议，更不要说"文学终结"、"文学死亡"这类整体性、激进的表述了，它之引起更大争议乃至激烈批评是势在必然的，虽然其中包含着某些误读和误解。

最后，让我们引用米勒在 2004 年《文艺报》访谈时动情地讲的一句话："我对文学的未来还是有安全感的。在我的有生之年，它是不会

---

[1] 钱中文：《全球化语境与文学理论的前景》，《文学评论》2001 年第 3 期，第 17 页。

消亡的。"[1] 这似乎部分地收回了原先"文学终结"的论断。但是，结合这一访谈的上下文来看，其实米勒的核心观点并未发生变化——传统的文学和文学理论正在发生急剧变化，面对新的社会状况和文化形式，文学研究者必须做出自己的时代回应，而这也正是他的中国同行们——无论在具体观点上有多大的分歧——正在进行的努力。可以说，由米勒"文学终结"引发的争论正是中国文艺理论界透过他者之镜对自身境遇的反思和审视，是进入新世纪以来中国文艺学学科发展中的一个极具象征意义的事件，它促使当代中国文艺学在众声喧哗中朝着更加开放多元、富有生命力的方向迈进。

（写于2015年3—6月，修改于10月，
发表于《中国文学批评》2016年第1期）

---

1 [美]米勒、周玉宁：《"我对文学的未来是有安全感的"：希利斯·米勒访谈录》，刘蓓译，《文艺报》2004年6月24日，第2版。

图书在版编目(CIP)数据

黑格尔美学思想新探：以"艺术终结"论为中心 / 朱立元著. —北京：商务印书馆, 2023
ISBN 978 - 7 - 100 - 21791 - 0

Ⅰ. ①黑…　Ⅱ. ①朱…　Ⅲ. ①黑格尔（Hegel, Georg Wilhelm Friedrich 1770 - 1831)-美学思想-研究　Ⅳ. ①B516.35 ②B83 - 095.16

中国版本图书馆 CIP 数据核字(2022)第 192671 号

权利保留，侵权必究。

黑格尔美学思想新探
以"艺术终结"论为中心
朱立元　著

商　务　印　书　馆　出　版
（北京王府井大街36号　邮政编码100710）
商　务　印　书　馆　发　行
山东韵杰文化科技有限公司印刷
ISBN 978 - 7 - 100 - 21791 - 0

2023 年 1 月第 1 版　　开本 640×960　1/16
2023 年 1 月第 1 次印刷　　印张 13¾
定价：76.00 元